一声妈妈 一生责任

杜剑锐◎著

北方妇女儿童出版社

·长春·

图书在版编目（CIP）数据

一声妈妈　一生责任 / 杜剑锐著 . -- 长春：北方
妇女儿童出版社，2025. 6. -- ISBN 978-7-5585-8735-1

Ⅰ . G78

中国国家版本馆 CIP 数据核字第 2024MN2930 号

一 声 妈 妈　一 生 责 任

YI SHENG MAMA YISHENG ZEREN

出 版 人	师晓晖
责任编辑	王桂梅
封面设计	天下书装
开　　本	880mm×1230mm　1/32
印　　张	7
字　　数	200 千字
版　　次	2025 年 6 月第 1 版
印　　次	2025 年 6 月第 1 次印刷
印　　刷	三河市南阳印刷有限公司
出　　版	北方妇女儿童出版社
发　　行	北方妇女儿童出版社
地　　址	长春市福祉大路 5788 号
电　　话	总编办：0431-81629600
定　　价	39.80 元

以爱为名，为爱加冕

　　妈妈，世界上最动听的词汇。孩子那一声声"妈妈"的呼唤，融化了妈妈们的心，也宣告着孩子将是我们一生的牵绊和责任。

　　从孩子呱呱坠地的那天起，妈妈们便穿上了隐形铠甲，一面温柔似水，无微不至地呵护孩子健康成长；一面无所畏惧，时刻准备为孩子扫清成长路上的一切艰难险阻。

　　宋庆龄曾说："孩子们的性格和才能，归根结底是受到家庭、父母，特别是母亲的影响最深。孩子长大成人以后，社会成了锻炼他们的好地方，学校对年轻人的发展也起着重要的作用。但是，能在一个人的身上留下不可磨灭的印记的总是家庭。"

　　从最初当妈妈的手忙脚乱，到现在轻松应对养育孩子的各种问题，笔者和所有妈妈们一样，经历过深夜独自痛哭，体验过那种深深的无力感，感受过暴跳如雷、情绪无处发泄的身心疲惫。在经历过焦虑、恐惧之后，笔者逐渐体会到，没有哪个女人天生就是妈妈，妈妈们需要和孩子一起成长、学习和进步。在一次次失败的经验中，笔者终于意识到，自己的焦虑、不甘、愤怒，有时不是为了孩子，而仅仅是自己的欲望，那是伪装在"为了孩子好"的冠冕堂皇之下的满满的控制欲，我们只是希望孩子为自己赚足面子，要求孩子必须在自己的掌控之中。

　　当你发现孩子脾气暴躁、没有礼貌的时候，你是否反思过，是不是自己与孩子沟通时的表达方式出了问题？事实证明，父母与孩子沟通的表达方式对孩子的性格养成起着关键性作用。

当孩子对你冷漠、不理睬的时候，你是否反思过，自己曾以家长的高姿态与孩子交流，缺少对孩子的陪伴，让孩子产生了心理压力，因而关上了与你沟通的大门。

当孩子自卑、不自信的时候，你是否反思过，自己总是将自己的孩子和其他孩子比较，用高标准要求孩子，经常打击、否认和批评孩子，让其对自己的能力产生怀疑。

有人说："没有教不好的孩子，只有不会教的妈妈。"虽然这句话有一定的夸张成分，但不得不承认的是，懂得科学育儿的妈妈一定会成为孩子成长路上最重要、最优秀的老师。

在本书中，笔者将通过自己的育儿经验，深入客观地观察生活，敏锐地发现问题，系统归纳当今家庭教育中最核心的九大问题，并结合各种案例分析，从心理学、教育学和社会学等学科出发，为妈妈们提出切实可行的解决方案。

对于妈妈而言，孩子是生命中最美丽的馈赠，培养一个优秀的孩子是妈妈们最大的幸福。我们无法选择和决定自己有什么样的父母，却可以选择自己成为什么样的父母。无论我们身在乡村还是城市，从事什么职业，学历是高还是低，贫穷还是富有，只要我们愿意成长和进步，都能够通过学习，把最好的教育送给我们最爱的孩子。愿我们在育儿路上不打不骂、不吼不叫，不宠不溺、不娇不惯，让孩子健康、快乐、自由地成长，将孩子塑造成符合社会发展要求的优秀人才。如果看了这本书，您能发自肺腑地感叹："原来教育孩子并不难！"那将是笔者最大的荣幸和动力。

目　　录

第四章　共同进步，做孩子学习路上的亲密战友

第五章　没有规矩不成方圆，定规矩有技巧

第六章　养育孩子，你需要懂点儿心理学

第 一 章

树立正确的育儿观，好妈妈胜过好老师

严母还是慈母，
或许你还有第三种选择

在一次和朋友的交流中，朋友忽然严肃地问我："你觉得我们应该做慈母，还是做严母？"看着她那紧张、焦虑而又充满期待的眼神，我知道，她一定是遇到育儿难题了。我没有直接回答她的问题，而是反问她："那你觉得什么样的妈妈是严母？什么样的妈妈又是慈母呢？"她毫不犹豫地回答："慈母就是对孩子百依百顺，严母就是严格要求、全面掌控！"

看，这就是大部分妈妈对母亲角色的误解。

真正的好妈妈不是一味地宠溺孩子，也不是没有情感地严格要求孩子，在我看来，成功的妈妈应该是"慈母＋严母"的结合体。法国教育家卢梭曾经说过："你知道运用什么方法，一定可以使你的孩子成为不幸的人吗？这个方法就是对他（她）百依百顺。"然而如果我们对孩子过度严厉，会让孩子做事畏畏缩缩，做事没有主见，失去被爱的感觉。好妈妈应该是在孩子需要爱的时候无限供应爱，应该对孩子进行严格要求时坚守底线、绝不动摇，这样才能让孩子的成长平衡健康。

以下是两种极端式的教育方式：

1. 严母严厉型

家里所有的规则都是父母制订的，孩子只能无条件服从，否则就会受到惩罚。一旦孩子违反规则或在学习生活中没有达到父母的要求，就会受到父母的责骂、打压，甚至体罚，在这样的教养方式下，孩子没有自由和自尊。

2. 慈母娇纵型

在这样的教养方式中，家里没有任何规则可言，因为即使有规则，也会随时被打破和违反。如果孩子犯了错误，父母会在第一时间原谅和理解孩

子。在这样的环境下成长的孩子虽然自由，但毫无规矩可言，在集体活动和社会生活中，他们将会处处碰壁，产生强烈的挫败感。

其实我们还有第三种选择，慈母和严母的恰当组合——正面管教。正面管教与上述两种教养方式有着本质的不同，不会过分严厉，也不会娇纵宠溺，既让孩子做事有尺度、遵守规则，又能让孩子获得尊严和自由。

以下是正面管教的几种方法：

1. 让孩子参与家庭规则的制订

教育要取得好的效果，就要以平等、相互尊重为基础，如果妈妈用强制、过度控制的方法为孩子制订规则，那么孩子就会依赖外在的驱动——父母的指令，从而对自己的行为缺少主导权。而在娇纵型教育下，妈妈和孩子都没有责任意识。

为了让孩子更好地意识到责任的重要性，勇敢地承担起自己的责任，妈妈可以让孩子参与家庭规则的制订，我

们会发现，他们更愿意遵守自己制订的规则，这也能让他感受到自己存在的价值。

2. 慈爱和坚定，一个不能少

慈爱和坚定是教育孩子的两大"法宝"，一个都不能少，也是妈妈要坚持的态度。"慈爱"意味着妈妈在教育孩子的时候，态度是慈爱和善的，在孩子没有达到自己的预期或犯错误的时候，妈妈可以控制好情绪，不直接发脾气，能够以理智的心态、平和的态度坦然面对。"坚定"则是妈妈对教育好孩子有足够的信心和坚定的信念，自己的立场和原则是绝对不会被其他事情所左右和改变的。

3. 与孩子平等对话

没有人希望被命令，哪怕是几岁的孩子。

妈妈想让孩子做什么、不做什么的时候，应该把自己和孩子放在平等的位置，像朋友一样一起商量，一起分析利弊，还可以让孩子拿主意，这样他们会感受到自己在长大，逐渐有自己的观点和态度，也会愉快地接受妈妈的建议。

人生没有起跑线

"别让孩子输在起跑线上。"几乎所有的妈妈都说过这样的话，它成为妈妈们为孩子精心挑选优质奶粉、一流幼儿园、高价学区房的理由。也正是这句话，让无数妈妈寝食难安，不敢有一丝懈怠和放松，她们就像被拧紧的发条，时时刻刻处于备战状态。

在你焦虑时，请静下心来想一想，人生不是短跑，也不是中长跑，它是一场漫长的马拉松，不需要抢跑，只需要耐力和恒心。在孩子的人生长跑中，并不存在起跑线，妈妈也不需要鞭策孩子加速前进、超过别人，只需要鼓励他们不断找到适合自己的速度和赛道，以自己喜欢的方式跑完自己的人生。

婉婉是一名活泼开朗的小女孩儿，在上小学前，她一直按照幼儿园的节奏学习和生活，妈妈并没有为她增加额外的学习，所以她虽然普通，但是乐观善良、活泼可爱，而且好奇心很强，对任何事物都充满新鲜感，非常乐于探索。这一切美好的生活都随着婉婉步入小学一年级结束了。进入小学，婉婉妈妈加入了班级的妈妈讨论群，在微信群里，其他孩子的妈妈每天分享自己孩子的学习成果和特长："我家孩子已经把小学古诗词都背完了。""我家孩子舞蹈已经考完十级了。""我家孩子弹钢琴特别棒！刚刚在国家级比赛少儿组获得金奖！"再看看婉婉，正在和家里的小狗玩儿得不亦乐乎呢。婉婉妈妈开始焦虑不安，认为婉婉已经输在了起跑线上，觉得是因为自己对婉婉的放松管理，导致婉婉没有其他孩子那么优秀、多才多艺。自此，婉婉妈妈便开始了对婉婉的"魔鬼

式训练"：给婉婉报舞蹈班、钢琴班，每天让婉婉写很多卷子……

一个学期过去了，虽然婉婉的学习有了一点儿进步，但她不再是那个活泼开朗的小女孩儿了，开始厌倦上学，对什么都提不起精神，婉婉爸爸的一句话让婉婉妈妈陷入了沉思："你是在用孩子赚取面子，还是全部为了孩子的未来？"

婉婉妈妈开始正视自己的孩子，而不是和其他孩子比较。婉婉不适合弹钢琴和练舞蹈，她喜欢小动物和画画儿，妈妈就按照她自己的兴趣给她报了美术班，还经常带她去大自然采风。每天不再给她安排很多卷子，而是让婉婉当小老师，给爸爸妈妈讲述白天老师教授的内容，爱表达的婉婉每天都乐在其中，讲得头头是道。就这样又过了一学期，婉婉获得了美术比赛一等奖，也得到学校老师的表扬，每次考试都是优秀。

　　盲目的攀比和模仿是育儿大忌，如果你对孩子的教育和培养完全是跟随式和模仿式，那只能说明你是一个偷懒的妈妈。每个孩子都是独立的个体，都有自己的喜好和特长，妈妈要用时间和耐心去发现孩子的独特之处，并根据孩子的特点为他们选择合适的培育方式，而不是跟风式模仿。不要在意某一次或某一段时间的成绩，这些只是孩子漫长人生路上的小插曲。我们可以带着孩子总结、思考，发现自己的不足并找到合适的补救方法。

　　当孩子找到真正适合自己的学习方法和特长爱好时，他将爆发出你难以想象的学习力和自驱力。在人生这场马拉松比赛中，请忽视那条并不存在的起跑线，失去奔跑的动力才是真正让人绝望的，而你需要做的，就是为孩子不断提供奔跑的动力和勇气。

请远离"自我牺牲式"的感动

初三学生莉莉是一个学习刻苦、乖巧懂事的女孩儿，她的家境并不富裕，她的父母经常为了省钱而采取一些极端的方式，比如全家在吃早饭的时候，爸爸妈妈会把所有鸡蛋都让给莉莉吃，他们只喝稀粥；妈妈会穿带补丁的袜子，却给莉莉买新衣服；爸爸买回家的水果，他一口都不舍得吃，只会在一旁笑着看莉莉吃……莉莉的家庭虽不富裕，但也不至于贫苦到如此地步，爸爸妈妈就是想通过这种自虐的方式激励莉莉努力学习。然而他们不知道的是，即使他们不这样做，莉莉也会自发努力学习的。在莉莉的心里，父母"自我牺牲式"的爱已经成为她的负担。莉莉每天都告诉自己，要努力学习，否则就对不

起爸爸妈妈的付出。终于，在中考的那天，莉莉再也承受不住这样巨大的压力，在考场晕倒了。

这个案例虽然具有特殊性，但是其中的某些场景我们并不陌生。从孩子降临到世间的那一刻起，妈妈们就打起十二分精神，几乎把自己的一切都奉献给孩子，放弃了属于自己的时间和空间。在养育孩子的过程中，妈妈们总是会被自己的付出和奉献所感动，并在不知不觉间把这份感动强加在孩子身上。你是这样的妈妈吗？请先别急于否定，看看下面这些"自我牺牲式"妈妈的特征，你是否中招了？

第一，"自我牺牲式"的妈妈缺乏对自己的关注和照顾。这类妈妈常常忽视自己的实际需求和身心健康，为了孩子完全放弃自己的时间和空间，长此以往，妈妈的压力和疲劳感会逐渐累积。

第二，"自我牺牲式"的妈妈会将孩子的所有需求完全置于自己的需求之上。这类妈妈牺牲自己的时间、精力和个人发展，将养育孩子作为自己生活的全部。

第三，"自我牺牲式"的妈妈对孩子过度依赖。妈妈以自我牺

牲为代价的教育方式让自己深受感动，却在无形之中给孩子带来内疚感。我们可能没有意识到，这样的内疚感会导致孩子与我们渐行渐远。

哲学家罗素在《幸福之路》中谈到："做父母的不是应该尽可能地为孩子多做些事情，凡是自我牺牲的父母，往往对孩子极端自私，会从感情上掌握住孩子，过分的牵挂往往是占有欲的伪装。"

美国作家苏兹·卢拉在《母亲进化论》一书中指出，一个内心匮乏、没有好好关照自己的母亲，就像一辆油箱已经空了的车子，无论你如何使劲踩油门，都不过是在"空转"。

为什么"自我牺牲式"的爱是不健康的？因为看似伟大的自我牺牲，其实藏着对孩子的隐形要求：要听话、要感激、要报恩。在这样的关系里，孩子被动地成为一个"亏欠者"，他们会感到一种如影随形的压力和束缚。

　　那么，什么样的教养方式才是健康的呢？在笔者看来，共情和理解才是家庭教育的最佳方式，良好的家庭教育并不在于妈妈的单方面牺牲，而在于自己和孩子的共同成长和共同收获。孩子希望看到妈妈积极向上，过好自己的生活，这将带给孩子无穷的力量和信心，让他能够在学习和生活中无所畏惧。

　　所以妈妈们，我们要记住：全心全意地教养孩子、关爱孩子，并不意味着要丢失自己。爱孩子的妈妈也可以拥有自己的朋友圈，穿得漂漂亮亮，发展自己的事业或爱好，打理好自己的生活，而不是沉浸在"自我牺牲式"的感动之中。

　　请记住，不要做苦行僧式的妈妈，要做享受人生的妈妈。只有你过得幸福快乐，你才能带给孩子幸福、快乐、自信和勇敢！

妈妈的阳光心态是孩子享用不尽的财富

在一档育儿节目里，育儿专家观察和点评着五个孩子在一起玩耍的行为，其中一个叫"淇淇"的小女孩儿引起了育儿专家的注意。与其他几个孩子不同，淇淇不仅胆子小，不愿意与其他孩子交流，行为和表现能力也都低于同龄的孩子。通过观看淇淇在家和父母相处的日常视频，育儿专家发现了问题所在。原来淇淇妈妈每天工作十分忙碌，还要照顾淇淇和家里的四位老人，所以她经常抱怨、和丈夫争吵，家庭氛围仿佛乌云密布。淇淇在这样的环境下成长，经常害怕妈妈发脾气，总是担心不知道什么时候妈妈又和爸爸吵起来了，所以淇淇渐渐变得自卑又懦弱，让人十分心疼。

　　当育儿专家带着淇淇妈妈一起回看家里的跟踪视频时，淇淇妈妈顿时泪流满面："我是爱孩子的呀，可是我总是觉得生活没有让我高兴的地方，忍不住抱怨和发脾气。"

　　心理健康和身体健康一样重要，衡量一个妈妈是否合格的关键因素就是她的性格如何：乐观开朗的妈妈能够给孩子幸福、充满阳光的心态，这将是孩子一生取之不尽的财富。如果妈妈的性格开朗乐观、积极向上，就会给孩子提供一个积极、温暖、充满正能量的家庭环境，在这种环境里，孩子会感到被接纳和被爱，这对他们的自尊心和自信心的建立是非常重要的。

　　2017年的一则新闻给笔者留下了深刻印象：一个来自农村的男孩儿以全省第一的成绩考入清华大学，电视台去他家采访，看到他家的实际情况后，现场的所有人都沉默了：简陋的家只能用家徒四壁来形容，只有墙上的一张张奖状格外耀眼。男孩儿的妈妈是一位残疾人，爸爸也没有劳动能力。记者问男孩儿是否抱怨过生活的困苦，男孩儿说："从小到大，我的妈妈教会我很多。她告诉我，遇到什么问题就去解决什么问题，因为你总是要走下去的。"男孩儿的妈妈虽然没有文化，没有财富，却总是用乐观积

极的心态面对生活带给她的每一个苦难，正是这样阳光乐观的心态，让她的孩子勇敢地面对生活和学习上的困难和难题，成为国家的栋梁之材。

1. 幽默感不是爸爸的专有，妈妈也要在家庭生活中展现幽默的智慧

恰当的幽默感可以将各种矛盾和坏心情化于无形，为家人和孩子缓解压力，如果妈妈用充满智慧、幽默轻松的语言来教育自己的孩子，孩子在感到轻松愉悦的同时，也会吸收这样的智慧，当生活和学习上遇到困难和挫折时，孩子能够缓解紧张和畏惧、平息愤怒，变得开朗活泼、自信勇敢。要知道，幽默是现代社会人际交往的有效手段和必胜法宝。

2. 经常让孩子感受快乐，培养他们快乐的性格

在家庭教育中，妈妈应该注意培养孩子对快乐的感知能力，在经历过一件事后，如去游乐场玩儿、参加演讲比赛、和爸

爸妈妈做亲子游戏等，妈妈可以及时询问孩子的感受，让孩子提升自己的感知能力，提升对快乐和幸福的敏感度。

3.妈妈积极乐观，并通过自己的言行将它传递给孩子

对于孩子来说，对人生的态度、对生命的认知、对自我的认识都过于抽象，但是他们却可以通过妈妈的一言一行去感受和学习。妈妈的言谈举止、对生活的态度、对挫折的反应，都潜移默化地影响着孩子。如果妈妈乐观积极，孩子也会奋发向上、充满斗志；如果妈妈消极悲观，孩子也会变得消沉和自卑。

先让自己的心态变得积极阳光，把赞美、坚强、自信融入生活，让孩子沐浴在阳光中，汲取能量，感受世界的美好！

请逐渐接受：
你的孩子并不属于你

龙应台在《目送》里写了这样一段话："慢慢地、慢慢地了解到，所谓父女母子一场，只不过意味着，你和他的缘分就是今生今世不断地在目送他的背影渐行渐远。你站在小路的这一端，看着他逐渐消失在小路转弯的地方，而且，他用背影默默告诉你，不必追。"

妈妈的责任不仅是给孩子亲密、呵护和爱，更重要的是在合适的时间选择慢慢与孩子分离，以此促进孩子的成长与独立。当然，这里说的分离不是放弃对孩子的关爱，妈妈对孩子的爱是永恒的，不会随着时间的变化发生改变。这里说的分离是逐渐调整对孩子的关爱方式，让他们独立成长、不再依赖，这个过程考验的是妈妈的智慧、勇气和决心。

哲学家弗洛伊德这样解析母子关系："母爱的真正本质是关心孩子的成长，也就是说，希望孩子与自己分离……而检验一个母亲是否真正具有爱的能力，就是看她是否愿意分离，并且在分离之后继续爱着。"

给孩子的爱是一种能力，逐渐放手和离开也是一种能力，作为妈妈，这两种能力缺一不可。现在，就让我们一起学习爱，也学习分离。

1. 避免事事代劳，降低孩子对你的依赖感

当今社会有一种现象：年轻人毕业后不找工作，或是结婚了还是依赖父母，不但经济上不能做到独立，情感和心理上也离不开父母，我们把这种现象称为"啃老"。

这种现象的形成主要就是因为父母没有随着孩子的长大而适当离开，事事代劳，让他们产生依赖感，不愿意自己奋斗、努力和争取，所有事都靠父母解决，失去社会适应能力和生存能力。

2. 平等对话，不做强势妈妈

与孩子分离的过程，也是把他们当作独立个体的过程，独立个体间的相处要以平等和尊重为前提。在与孩子相处时，妈妈不妨蹲下身子，与他们平等对话，为孩子创造一个平等开放的成长环境。在这样的环境下，孩子们会慢慢变得自尊、自爱、自信、平等、博爱。

3. 降低自己的控制欲

在孩子很小的时候，他们的一切都由妈妈决定：穿什么衣服，喝什么牌子的奶粉，什么时候睡觉、喝水、玩耍……随着孩子慢慢长大，他们的各方面能力都在不断提升，开始有自己的意识和想法，这时候妈妈就要慢慢减少自己的控制欲，不要给孩子带来压力和窒息感。比如对于已经上初中的孩子，在合理范围内，妈妈可以让其决定穿什么衣服、和什么样的人做朋友、如何安排自己的时间，这些都会让他们慢慢学会独立和成长。

最后与妈妈们分享黎巴嫩诗人纪伯伦的一首诗——《论孩子》中的精彩片段：

你的孩子不属于你
他们是生命的渴望
是生命自己的儿女

经由你生　与你相守
却有自己独立的轨迹

给他们爱而不是你的意志
孩子有自己的见地
给他一个栖身的家
不要把他的精神关闭
他们的灵魂属于明日世界
你无从闯入　梦中寻访也将被拒

第二章

提升陪伴质量，优秀的孩子都是陪出来的

你以为的陪伴，
是有效陪伴吗？

一个普通的小视频曾引发几十万网友的怒赞：一位五岁女孩儿的爸爸因为女儿很喜欢动画片《小猪佩奇》中的恐龙玩具，他就花了一整天时间，陪孩子一起，用废纸板和颜料做了一个呆萌可爱的绿色恐龙。当爸爸带穿着"恐龙战衣"的女儿出门玩耍时，立马吸引了一大波孩子羡慕的目光。这则温暖的小视频一经发出，就被几十家媒体转载并很快被几十万网友刷上热搜，爸爸妈妈们纷纷评论："这才是陪伴界的顶流！""人家这才是陪伴，我们仅仅是陪着。""这孩子真是太幸福了！"

在很多妈妈的眼里，陪伴是普通而简单的："我每天都和孩子在一起呀，这不就是在陪伴吗？"无效的陪伴算不上真正意义上的陪伴，甚至还可能变身为隐形的伤害，因为对孩子来说，妈妈的无效陪伴是一种更隐匿、更持久的伤害。你以为的陪伴，只是陪着，高质量的陪伴要既有"陪"，又有"伴"，要求妈妈不但全身心地融入孩子的世界，还要和他们同频共振、同喜同乐。一项调查科学地揭示了陪伴孩子的神奇之处，调查显示，对行为得体、考试名列前茅这两件事起决定性作用的，不是作业的数量，也不是家长督促学习的程度，竟然是父母和孩子互动和家庭聚餐的频率和时长。也就是说，一个孩子的珍贵品质和学习能力都是在父母的温馨陪伴下滋养的。

有的妈妈经常会抱怨："孩子越大离我越远，小的时候经常围着我'妈妈妈妈'地叫着，现在我说什么她都爱搭不理的样子。"殊不知，其实妈妈是孩子的一面镜子，遇到孩子对自己冷漠的时候，妈妈要反思一下，你是不是经常忽视孩子的心理需求，是否愿意花时间全身心地陪伴孩子？

以下这些场景，妈妈们一定不会感到陌生：

当孩子兴冲冲地拿着玩具来找你一起玩耍时，看手机正投入的你不耐烦地说："宝宝你先自己玩儿，妈妈坐在旁边陪你！"你看不到的，是孩子转过身后失望的眼神；当孩子想和你分享在幼儿园和学校发生的趣事时，你总是以各种借口推脱，或者心不在焉地听，完全没感受到孩子的失望……

真正的陪伴是父母和孩子之间的亲密互动，是爱的交流；真正的陪伴是全身心地投入，让孩子感受到父母的专注和认真；真正的陪伴能够让孩子积蓄能量，成为孩子生活和学习的勇气和底气。

以下是几种错误的陪伴方式，请妈妈们对号入座，尽量避免这样的陪伴：

1. 看管式陪伴

看管式陪伴就是妈妈把陪伴当作任务和负担，只要让孩子吃饱喝足、远离危险就行，缺少妈妈和孩子间的互动和亲昵，这样的看管对于孩子和妈妈来说都是一种煎熬。

2. 没有边界的陪伴

与上一种陪伴方式相反，这种陪伴就是妈妈认为必须放下一切、全天候的陪伴才是真正的陪伴，然而这样的陪伴是不合理的。除了照顾孩子，妈妈还有工作和家庭的其他事情需要处理和平衡，而且全天候的陪伴容易让孩子失去边界感。

3. 交易式的陪伴

很多妈妈没有时间陪伴孩子或者没有精力全身心地陪伴孩子，就会与孩子讲条件，用礼物、钱或者旅游等收买孩子，这种方式将让孩子的趋利性变强，缺少与妈妈的精神互动，这样的陪伴方式和养育方式一定教不出感恩的孩子。

4. 心不在焉的陪伴

有的妈妈认为只要陪着孩子就好，自己干自己的事，孩子自己玩儿就行。这样的陪伴会让孩子觉得自己不受重视、没有存在感，对孩子来说没有任何积极的效果，不是真正意义上的陪伴。

有效陪伴，培养孩子的各种能力和自我意识

　　有效陪伴是妈妈爱孩子的具象化体现，在成长过程中，孩子需要妈妈的陪伴，他们希望妈妈理解自己的需求、愿望，与自己一起面对生活和学习中的困难和挫折。

　　当孩子感受到不管发生什么，妈妈会始终在他们身边，愿意倾听和分享他们的生活时，他们会感到被重视和珍视。同样，有效的陪伴还包括与他们共同度过难忘的时光，比如一起参加各种活动，耐心倾听孩子的心事，与孩子共享他们的乐趣……这些都有助于妈妈更好地了解孩子，与孩子建立亲密的亲子关系，更有助于培养孩子的各种能力和自我意识。

梓洋是一名初中生，在同学的影响下，他沉迷上了网络游戏，并因此影响了学习成绩和亲子关系，那段时间家里的气氛非常沉闷，爸爸的训斥和妈妈的责备让梓洋越来越想逃避现实生活，他觉得只有在游戏中自己才是轻松、自由和快乐的。苦恼的妈妈实在没有办法，只能求助于心理医生，心理医生在了解了梓洋的具体情况后，问梓洋妈妈："你们平时对孩子的有效陪伴足够多吗？"这个问题让梓洋妈妈一时无法回答。

因为忙于工作，爸爸妈妈很少和梓洋深入交流，所谓的陪伴也就是看着梓洋写作业和玩游戏，与其说是陪伴，不如说是看管。缺少爱和亲子互动的梓洋发现自己能够在游戏中获得自由和解放，所以一发不可收拾地爱上了网络游戏。心理医生告诉梓洋妈妈，可以试试多陪陪孩子，与孩子进行交流和互动，用有效陪伴唤醒他的自我意识。果然，自从爸爸妈妈开始用心陪伴梓洋以来，梓洋慢慢感受到了现实生活中的爱和自信，几个月后彻底卸载了网络游戏。

妈妈的有效陪伴可以培养孩子的各种能力和意识：

1. 让孩子受益一生的规则意识

孩子需要在成长的过程中不断地接触和适应各种各样的新环境，遵守规则的孩子更容易适应和融入新环境，而经常破坏规矩的孩子则容易被集体排斥。人是群居动物，每个人的生活、学习和发展都离不开群体生活，妈妈可以在有效陪伴中锻炼和培养孩子的规则意识。

2. 能够塑造积极人格的共情能力

共情能力是指我们能够感觉到他人的情绪、情感，能够理解别人所处的环境，能够"进入他人的心灵世界"，并且做出相应反应的能力。美国作家拿破仑·希尔曾说过一句话："懂得换位思考，能真正站在他人的立场上看待问题、考虑问题，并能切实帮他们解决问题，那么，这个世界就是你的。"由此可见，共情能力是多么重要。在有效陪伴中，妈妈可以通过尊重孩子的意见、关注孩子的感

受来培养和塑造孩子的共情能力。

3. 能够让孩子幸福成长的感恩意识

在中华民族的传统文化里，有一句古话叫"滴水之恩，当涌泉相报"，强调的是要感激别人的帮助和关爱，而且有意识地回报这种好意。感恩的心态能够增强人与人之间的信任，让孩子更加珍惜身边的人和事，也能帮助他们明事理、辨是非。可以说，感恩是孩子们幸福成长的秘诀。

妈妈可以通过有效陪伴，以言传身教的形式为他们做出榜样，为孩子输入爱的意识、感恩意识。

4. 放大格局和放宽心胸的分享意识

在学习和成长的道路上，孩子不仅需要学习知识，更需要学会如何正确地与他人相处。作为一种基本的社交技能，分享对于孩子的全面发展具有不可估量的价值。在有效陪伴中，妈妈可以通过日常引导、让孩子自己体会分享的乐趣等方式培养孩子的分享意识。

小小的陪伴，大大的惊喜

一位心理学家说："如果一个孩子在童年时，父母只照顾他的基本生活，却不关心他的情感和想法，孩子的自我认知和行为模式会严重扭曲。这种伤害并不会止于童年，而是会延续到成年之后：他们可能会缺乏自信，处理不好人际关系。"

笔者的表姐从小就像个小公主，想要什么就有什么——至少在外人眼里是这样的。表姨和表姨夫都是成功人士，在自己的领域里发光发亮，因此有能力让表姐过上衣食无忧的生活。但因为工作忙碌，他们每个月的大半时间都在出差，回到家里也在不停地处理工作、接听电话，他们觉得自己很辛苦，但一切都是值得的，因为他们都是在为表姐而奋斗。长大后的表姐并不幸福，嫁了一个我们觉得很普通的男人，在与人相处

32

的时候，她经常表现得很不自信，在工作中也缺少争取和拼搏的精神。这一切都让表姨和表姨夫觉得无法理解："我们辛辛苦苦地打拼，给你提供了这么优越的条件，你怎么把生活过得这么糟糕呢？"有一次在和表姐聊天儿的时候，我也问出了心里的疑惑，表姐没有正面回答我的问题，而是告诉我："我最近在自学心理学，想解决我内心的疑虑，也只有这样，我才能下定决心要自己的孩子，否则我不知道自己会不会像我的爸爸妈妈一样，穷尽一生，却养了一个不幸福的孩子……"说完，她已经泪流满面。

现在的笔者不管多忙，都绝对不会放弃任何陪伴孩子的机会。我也是这样要求我的爱人的：哪怕是出差，他每天也必须拿出一段时间和孩子打电话、视频聊天儿，让孩子感受到父母的爱、懂得父母的重要性，孩子也会在这个过程中感受到父母的辛苦和付出。

从小得到妈妈有效陪伴的孩子，会在未来的学习和生活中展现出很多优势，看似小小的陪伴，会让父母收获大大的惊喜：

1. 充满自信，生活更有色彩

如果孩子得不到妈妈的有效陪伴与及时认可，他们会在潜意识里觉得是因为自己不够好、不够优秀，所以妈妈才不愿意陪伴自己，甚至由此产生深入骨髓、伴随一生的自卑。就算他们在长大后明明很优秀，依然会因为潜意识里的自卑而认为自己不值得拥有更好的生活。

妈妈的有效陪伴将会给予孩子挑战困难的勇气，激发孩子的积极性和成就感，培养孩子的自信心。在未来的学习、工作和生活中，他们将带着这份爱和信心，勇于面对生活中的挫折和困难，更不会轻易被别人的言语所左右，甚至敢于挑战和突破自己。

2.勇于尝试，创造属于自己的奇迹

在孩子很小的时候，大部分妈妈会陪伴在孩子身边，在他们学走路摔倒时，说一句：："宝贝，没关系，再试试，加油！"一句微不足道的鼓励对孩子来说是充满爱和力量的，能够鼓舞他们勇于挑战自己、勇于尝试。随着孩子渐渐长大，这样的陪伴和及时鼓励越来越少，取而代之的是妈妈的指责和不满。希望妈妈们能明白，妈妈的有效陪伴和对孩子行为的及时评价和鼓励，永远都是孩子勇于尝试、创造奇迹的力量和底气。

3. 充满安全感

妈妈的有效陪伴是孩子健康成长的动力，有效陪伴带给孩子的不仅仅是爱和呵护，还有满满的安全感。摩西奶奶说："陪伴是最好的爱，可以抵挡世间所有的坚硬，温暖生命所有的岁月。"安全感是一种从恐惧和焦虑中脱离出来的信心、安全和自由的感觉。它既可以让孩子满足于现在，也可以让他们不再惧怕未来。

妈妈的陪伴是
孩子扬帆远航的力量

霖霖上四年级了，妈妈发现她与自己的沟通越来越少，现在几乎不和妈妈说班级里发生的事，也不会把自己的心事和秘密与妈妈分享。很多霖霖在学校发生的事，妈妈都是从班主任和其他孩子的妈妈口中得知的。霖霖妈妈很羡慕琪琪的妈妈，因为琪琪从小到大都和妈妈非常亲密，会主动和妈妈分享自己的心事，妈妈也能通过琪琪自己的讲述了解孩子的发展动态，并根据实际情况随时对孩子的教育做出调整。

霖霖妈妈问琪琪妈妈有什么秘诀，琪琪妈妈说："其实也算不上什么秘诀，不过就是我一直坚持的一个小习惯，从琪琪会说话开始，每天我们母女都会有固定的聊天儿时间。她会把每天开心的事和烦恼的事告诉我，我也会把自己每天值得分享的事告诉她。都说要陪

伴孩子，这也算是我自己独特的陪伴方式吧。"

相信现实生活中有很多和霖霖妈妈一样的妈妈，随着孩子年龄的增长，她们与孩子的沟通越来越少，有的甚至发展成了"仇人相处模式"，孩子对妈妈的管教和关怀十分排斥。其实每个孩子的心里都有一个隐性的爱心银行，正确的爱和有效的陪伴是存钱，自以为是、为了自己需要强加的爱是取钱。妈妈的每一次充满爱的有效陪伴，都会在孩子心里留下牢固的印记。当孩子长大后，对妈妈的信任和依赖才不会减少。

在孩子扬帆远航的过程中，妈妈的陪伴和爱将是其最强大的依靠和力量。

1. 妈妈的有效陪伴可以让孩子形成良好的习惯

在陪伴孩子的过程中，妈妈可以通过家庭规划、言传身教和及时发现问题并有效调整等方式帮助孩子养成良好的生活习惯和学习习惯，很多妈妈通过孩子的成长总结出这样一个道理：好习惯是陪出来的。一位优秀的主持人说过："你想要孩子成为什么样的人，首先你就要成为什么样的人。"妈妈陪伴孩子的过程，也是给孩子树立榜样的过程。以身作则和言传身教是妈妈给孩子最好的陪伴和教育。妈妈也应该在陪伴孩子学习的过程中不断进步，做好孩子成长路上的引路人。

2. 妈妈的有效陪伴是孩子打开梦想的钥匙

有梦想的孩子就像身体里有一个激情的小马达，每天都充满斗志和动力，不需要父母的监督和鞭策，他们的梦想与渴望让他们自觉地做好应该做的事情。

在陪伴孩子的过程中，妈妈可以让孩子逐渐细化梦想、精准梦想，确定梦想后，还要将自己的梦想细化到具体的行为，比如每天需要做什么，每个学期达到什么样的目标，等等。妈妈在陪伴过程中的指引

和帮助将让孩子逐渐靠近自己的梦想。

3. 妈妈的有效陪伴帮助孩子开启情商之门

　　情商是指个体在情绪识别、情绪理解、情绪管理以及人际关系等方面的能力。心理学家也普遍认为，随着社会多元化的发展，情商对一个人的影响比智商更重要。培养孩子的高情商对于他们学习、生活、工作和综合发展至关重要。妈妈的有效陪伴将积极促进孩子的情商发展，妈妈应该在陪伴孩子的过程中关注孩子的感受，积极、及时地发现孩子的求助，培养孩子的同理心。同样，妈妈在家庭中的行为，尤其是情绪，对于孩子的心理发育和情商发展也具有深刻的影响。妈妈应该持续关注孩子的成长需求和情感变化，并与孩子建立亲密的亲子关系。通过与孩子亲密的互动和对孩子的有效引导，可以帮助他们建立积极的情感态度和人际关系，这些都有助于塑造孩子的高情商。

有效陪伴的几个方法，请查收

场景一：

　　女孩儿晨晨在家里玩儿娃娃，她喊妈妈来陪她玩儿，妈妈不耐烦地说："晨晨，你已经五岁了，不要总让妈妈陪你，你要学会独立，自己玩儿吧！"晨晨委屈地哭了起来，看见晨晨哭了，妈妈不耐烦地走过去陪她玩儿娃娃。虽然答应陪晨晨玩儿，但是妈妈在玩儿的过程中一直心不在焉，还经常看手机。晨晨看见妈妈应付的样子，大声地喊："我不要和你玩儿了！"晨晨妈妈站起身，把娃娃摔在地上："你怎么这么不懂事，我都陪你了，你还要怎样！"

场景二：

男孩儿乐乐上五年级了，放学回家后，不管是写作业，还是看书、查资料，他的妈妈总是在旁边看着他，妈妈说这是陪伴乐乐成长。在"陪伴"的过程中，妈妈总是用审视和挑剔的眼光看管乐乐："乐乐，你怎么又写错题了？""乐乐，你不该读这样的书，明天快还给同学！""乐乐，你不是说查资料吗，怎么又看起动画片了？"这样的"陪伴"让乐乐感到十分压抑和苦恼，妈妈说这都是为他好，为了陪伴他。乐乐不想让妈妈伤心，只能将不满压抑在心里。

场景三：

"妈妈，你陪我玩儿吧！""妈妈，你在干什么？""妈妈，求求你了，快来和我玩儿吧！"六岁的小智一直在喊妈妈，妈妈呢，却在手机上玩网游，根本没时间陪小智，只能对小智说："儿子，你去看会儿动画片，妈妈现在没时间！"小智看了看妈妈，只能自己去看动画片。时间久了，小智的眼睛近视了，也变得不愿意与人交流。因为长时间看动画片、玩儿电子游戏会让孩子丧失思考能力和与人沟通的能力。

　　以上这些场景，是不是让我们感到很熟悉？每个妈妈或多或少都这样对待过孩子。如果你不知道如何有效陪伴孩子，希望以下这些观点和方法能帮到你：

1. 有效陪伴孩子，你需要愿意花时间投入

　　想要有效地陪伴孩子，首要前提就是妈妈愿意花时间，哪怕工作忙碌，哪怕有自己的事情要做，也要抽出固定的时间，放下手里的一切，全身心地陪伴孩子，而不是不情不愿、分心式地陪伴他们。

2. 有效陪伴是心甘情愿地陪伴孩子，不提条件

在陪伴孩子的过程中，妈妈一定不要给孩子提条件，比如："我陪你玩儿，你就要认真写作业。""你这次考试得一百分，以后我每天都陪你玩儿娃娃。""今天我陪你出来玩儿，以后你都要听我的，不能犟嘴！"如果附加条件，陪伴的效果就会大打折扣，它是情感的联结和爱的互动，而不是妈妈和孩子的交易。

3. 每天睡前的交流可以成为画龙点睛的有效陪伴

相关试验表明：每天睡前是孩子情绪最稳定的时候。在这个时候，他们更愿意和妈妈进行沟通和交流。所以我们可以选择在每天睡前和孩子进行简单的交流，可以表达对孩子的爱和关怀，可以与孩子分享自己一天的感受，也可以

给孩子讲一个童话故事，简单温馨的交流可以成为每天陪伴的画龙点睛之笔，让你的陪伴得到升华。

4. 和孩子一起亲子阅读好处多多

一起玩耍、交流过后，如果妈妈和孩子都需要一个安静的相处氛围，那么亲子阅读就是妈妈的最佳选择。妈妈可以在亲子阅读的过程中有计划性地指导孩子阅读，在全面了解孩子的阅读兴趣的基础上，和孩子一起制订阅读计划，和孩子一起感受文学的伟大和文字的魅力。

第三章

好习惯让孩子受益终生，妈妈必须有办法

教育是一门艺术，
妈妈要赢在细节

梓轩是一名五年级的小男孩儿，他一直是一个听话懂事、乐于助人、学习成绩优异的孩子，老师和同学都非常喜欢他。妈妈发现最近一段时间他经常偷偷玩儿网络游戏，尽管妈妈经常批评他，但梓轩还是没有任何改进。妈妈实在没办法，只能求助于梓轩的班主任刘老师。

刘老师在了解情况后，没有像妈妈一样急于解决问题和指责、质问梓轩。在一次课堂测验中，梓轩取得了满分。放学后，刘老师把梓轩留到了班级，与他谈了一次心："刘梓轩，你最近成绩很稳定，今天的课堂测验还得了满分，老师恭喜你。"梓轩有些羞涩地挠了挠头。刘老师继续说："对了，老师还有一件事请教你。老师的孩子和你一般大，最近特别迷恋游戏，我怎么说他都不听，你有什么好建议吗？"梓轩想了想，说："老师，你是不是经常怀疑孩子，不相信孩子能够控制好游戏和学习的平衡？"通过深入谈话，刘老师才知道，最初梓轩并不是特别痴迷于游戏，因为他是一个自律的孩子，偶尔玩儿一次游戏是他放松的手段。妈妈的态度和言语让他觉得自己不被信任，出于逆反心理，梓轩才赌气地和妈妈作对。

法国文豪伏尔泰曾说："使人疲惫的，不是远方的高山，而是鞋子里的一粒沙子。在人生的道路上，我们很有必要学会随时倒出鞋子里的那粒沙子。"这句话也在提醒着妈妈们：妈妈对孩子的家庭教育也可能成为孩子成长路上的一粒沙子，教育是一门艺术，妈妈要赢在细节，因为细节决定成败。对于家庭教育细节的把握、处理、反思，是妈妈教育智慧的体现，它也可以传递家庭教育中的真、善、美，并在无形中塑造孩子未来的样子。

1. 请妈妈管理好自己的"潜台词"

在教育孩子的过程中，经常会出现教育实际效果和自己的愿望相背离的情况，其中一个主要原因就是妈妈没有注意到自己话语表象之下的"潜台词"：说对了，就是教育。说错了，就会成为反教育。比如上述例子中梓轩的妈妈，她对梓轩的教育非但没有起到积极作用，反倒把孩子越推越远。管理好自己的"潜台词"，并不意味着妈妈们要谨小慎微，设计好自己说的每句话，而是要通过不断观察孩子、反思自己来优化自己的教育细节。

2. 创造温馨和谐的家庭氛围，用爱感染孩子

每天晚上一家人的欢乐团聚，爸爸妈妈带给孩子的小惊喜，爸爸送给妈妈的一束玫瑰花、一个爱意的拥抱……这些细节看似微不足道，实际上它们都在无声无息地改变孩子。

3. 妈妈要不断寻找四两拨千斤的教育方法

妈妈应该在教育中尊重个体差异，在每个教育细节中想办法，避免简单粗暴地对待孩子，寻找能够四两拨千斤的巧妙教育方法，在寻找的过程中，请记住以下原则：关系重于教育、身教重于言传、成长重于成绩、相信就会看到。

好的教育往往发生在生活中那些看似琐屑微小的事情当中，正如苏联教育家马卡连柯所说："琐碎的事情每天、每时、每刻都在经常地发生作用，生活就是由无数的小事组成的，指导这样的生活，组织这样的生活，这将是父母最重要的任务。"妈妈对孩子的教育应该重视细节的力量，在细节中呵护人性，培养与塑造孩子的行为习惯、思维方式和良好品质。

做聪明妈妈，帮孩子养成好性格和好习惯

让孩子形成良好的习惯和性格是妈妈们的共同心愿，因为习惯一旦养成，将伴随孩子一生，好性格和好习惯的建立对孩子的成长、家庭关系的发展都是非常重要的。习惯和性格是在孩子的学习、生活中逐渐形成的，也可以通过妈妈刻意的教育进行培养，因为习惯是通过不断重复或练习而形成的固定化的行为方式。

墨子对于习惯的观点是："染于苍则苍，固然不可不慎也。"叶圣陶说："教育其实就是培养习惯。"培根说："习惯是人生的主宰。"一位哲人说过这样一句话："一个人的命运

就在他的性格中。"可见，性格和习惯的形成对于孩子来说至关重要，聪明的妈妈要想办法科学地培养孩子的性格和习惯。以下是笔者在养育孩子过程中刻意帮助孩子养成的习惯和性格：

1. 有意识地培养孩子的独立生活能力

第 89 届奥斯卡金像奖最佳动画短片《鹬》曾经打动了很多人的心，它讲的是鹬妈妈为了让鹬宝宝尽快独立生存而狠心赶走鹬宝宝，让它自己觅食的故事。看这部短片时，笔者热泪盈眶，鹬宝宝的每一次摔倒，何尝不牵扯着鹬妈妈的心？可它也一定知道，人生何止这一片海、这一个困难，孩子的路，必须由它自己走。我们做妈妈的也应该知道，如果没有从小培养孩子的独立生活能力，他们就很难建立自信，妈妈不要把孩子想得那么娇气，既要关爱孩子，也要避免过度照顾，要适当地放手，让他们在集体中发展独立意识。总之，妈妈有时要把爱隐藏起来，让孩子在独立中成长。

2. 从小学理财，提高孩子的财商

很多妈妈为了给孩子提供优越的物质条件，宁可自己省吃俭用，也要尽己所能满足孩子的愿望。其实这样非但不能提高孩子的幸福感，还可能会让他们变本加厉，促使他们内心的欲望不断膨胀，不珍惜现在的美好生活。

妈妈应该学会适当地拒绝孩子，让他们知道，不是想要什么就能得到什么。有的教育专家认为孩子应该尽早接触钱，这样他们就会越早具备理财观念，笔者认为其中的关键是妈妈要教会孩子如何合理地花钱，并用生活中的实际事例让孩子懂得钱是来之不易的，花钱和消费要有节制。妈妈在给孩子一定的零花钱后，要帮助孩子制订合理的消费计划，孩子会在这个过程中懂得劳动和工作的重要性，也会懂得想要获得，就要先付出。

3. 让快乐、乐观伴随孩子成长

妈妈们都希望自己的孩子活泼快乐、天真烂漫、积极乐观，可是却很少复盘自己对孩子的教育是否为孩子提供了快乐的环境：家里每天都充满争吵和批评；为孩子安排写不完的作业，孩子根本没有时间尽情玩耍……在这样的环境里，孩子又怎么能快乐呢？快乐就像一颗种子，是需要必要的环境和土壤的。

　　快乐不仅是一种心情，也是一种性格，快乐的心情对于提高孩子的学习动力和学习效率，促进身心健康和良好个性养成都有积极的作用。聪明的妈妈是可以培养孩子的快乐性格的：温馨幸福的家能让孩子快乐成长，妈妈首先要做一个快乐知足的人，快乐的心情和性格是可以传递和影响的；其次，妈妈可以用音乐、亲近大自然等方式让孩子感受快乐，为孩子提供能够展示自己的机会，并及时给予肯定和赞美，这些都会转化成孩子的自尊和自信；最后，妈妈不要苛求孩子完美，每个孩子都是独一无二的，都有自己的长处和短处，妈妈要学会接纳和欣赏孩子的一切，只有这样，孩子才能发自内心地快乐和乐观。

　　聪明的妈妈，请结合自己和孩子的实际情况，用心培养孩子的良好习惯和性格吧，这将是你送给孩子最宝贵的财富！

积极正向的艺术教育
应该是甜的

笔者的朋友小燕有一个活泼可爱的儿子，集万千宠爱于一身的宝贝让小燕体会到了做母亲的喜悦和幸福，但随着孩子步入小学，孩子上课注意力不集中、学习缺乏专注力的问题让她感到非常焦虑，她甚至带孩子去医院检查，觉得孩子患上了多动症。一次偶然的机会，小燕和儿子路过一家钢琴店，里面的琴声吸引了孩子，他站在店门口听了十几分钟，十分陶醉，这让小燕觉得十分惊讶，因为这十几分钟的沉浸式投入对于缺乏专注力的儿子来说已经十分难得。后来小燕为孩子报了钢琴班，自从学习弹钢琴后，孩子的认知能力、手眼协调能力、耐心和毅力等方面都得到了提升。

对于一些孩子来说，积极正向的艺术教育对于性格和习惯的培养有积极的促进作用，那么妈妈就应该根据孩子的实际情况，结合家庭的经济状况，为孩子挑选适合他们的艺术教育。

在这里笔者要强调的是妈妈对于艺术教育的态度，以及在帮助孩子坚持艺术教育的过程中需要注意的技巧和观点。笔者认为妈妈们需要注意的最重要原则是：积极正向的艺术教育应该是甜的，不要让它成为孩子的噩梦和负担。

在孩子的艺术教育上存在这样一种错误的观念：孩子学才艺必须吃苦，妈妈要在孩子旁边监督，随时指出孩子在练习过程中出现的任何问题。这种观念带来的后果就是，孩子感受不到艺术教育的美好，慢慢将它看成自己的负担，渐渐失去了对艺术学习的兴趣和动力。

在孩子学习才艺的过程中，妈妈要竭尽所能保护孩子的学习兴趣，让孩子感受和品味到艺术的魅力和乐趣，妈妈要做好两个方面，一是端正对艺术教育的态度，二是为孩子选择一位优秀的艺术教师。以下是具体的几点建议，希望对妈妈们有帮助：

1. 应该为孩子选择什么才艺

孩子的时间和精力有限，妈妈必须为孩子保证充分的玩耍时间和自由支配时间，所以在选择才艺的时候一定要审慎、有选择性，充分考虑经济成本和孩子的时间成本。有的妈妈为孩子选择四五种才艺，美术、音乐、舞蹈、钢琴、书法等，只要听说哪个才艺对孩子有帮助，就马不停蹄地给孩子报名，最后的结果就是样样会、样样不精。在选择才艺的时候，妈妈要将孩子的兴趣作为选择的重要标准，尊重孩子的意见，这样孩子才能将才艺学习长久地坚持下去。

2. 艺术教育的时间选择和准备工作

　　有的妈妈觉得艺术教育应该尽早开始，有的孩子从三岁就开始学习舞蹈、钢琴等才艺。笔者认为每种才艺都有特定的要求和原理，所以开始学习的时间也不一样，但有一个原则要把握，那就是学才艺要根据孩子的身心发展水平，不宜过早。妈妈可以多多请教专业老师，结合自己孩子的实际情况，选择合适的开始时间和合适的指导教师。

　　那么，学习才艺的第一步应该是什么呢？笔者猜很多妈妈会说：买乐器、报班！笔者不赞同这样的做法，让孩子提前接触、了解和熟悉自己将要学习的才艺，知道学习才艺需要面对的辛苦和挑战，这些或许是更好的选择，它们对于孩子来说是环境熏陶和心理铺垫。

　　在学习才艺的漫长征途中，妈妈对孩子的管理要做到松弛有度、有所为有所不为，对具体的学习活动不要参与过深，既祝愿孩子通过努力获得较高的才艺水平，也要以平常心接纳他们的平庸，尊重孩子的学习、肯定他们的努力，相信这样的艺术教育可以为孩子们的各方面发展锦上添花。

亲子阅读的温馨时刻，"一箭多雕"

滢滢是幼儿园里的"活跃分子"，在幼儿园故事会上，她总是踊跃地给小朋友们讲精彩有趣的故事，每次讲故事她都感情丰富、表情夸张，讲得绘声绘色。班主任刘老师问滢滢妈妈培养滢滢表达能力的秘诀，原来从滢滢2岁开始，妈妈和爸爸就带着滢滢进行亲子阅读。最开始滢滢年纪小、不识字，妈妈就给她买来以图为主的绘本；等滢滢大一些，妈妈在亲子阅读的过程中还会教滢滢识字。坚持得久了，滢滢就可以独自复述简单的故事了。老师觉得这是一个不

错的教育方法，就把滢滢家的亲子阅读方法分享给其他家长，还组织家长和小朋友一起分享每个家庭读过的优秀作品。现在，班里的每个小朋友都能像滢滢那样精彩地讲故事了，也都越来越爱看书了。

莫言说："读书，是为了以后不在碌碌无为中周而复始，不在柴米油盐的计较中磨灭希望。读书就是帮助我们实现价值的捷径。"林语堂说："读书，可开茅塞，除鄙见，得新知，增学问，广识见，养性灵。"余秋雨说："阅读的最大理由是摆脱平庸。"

对于孩子来说，阅读的影响更加深刻和深远。阅读对孩子的品格和行为习惯养成、思维方式的锻炼、语言能力的提升都有积极的影响。亲子阅读不仅可以帮助孩子培养良好的阅读习惯，还可以促进亲子关系的发展。美国诗人史斯克兰·吉利兰曾写下这样一句话："你或许拥有无限的财富，一箱箱珠宝与一柜柜的黄金。但你永远不会比我富有，我有一位读书给我听的妈妈。"

1. 亲子阅读可以培养孩子的良好行为习惯

亲子阅读是培养孩子良好行为习惯的重要途径，通过与孩子共同阅读，妈妈可以引导孩子理解书中的内容，从而在日常生活中模仿和实践书中的良好行为。这种互动式的阅读方式有助于孩子形成正确的价值观和行为准则。

2. 亲子阅读可以提高孩子的专注力

在亲子阅读的过程中，妈妈可以通过互动阅读的方式促进孩子的参与程度和专注度，妈妈可以在和孩子共同阅读的过程中通过提问、解释故事情节、拓展故事外的知识和想象等方式，增加孩子对阅读的兴趣，同时也可以培养他们的观察力、思考力和逻辑思维能力，还能够提高他们的专注力。

3. 亲子阅读增进亲子感情

从妈妈带着孩子开启"亲子阅读"那天起，就像在孩子心灵的花园里栽培了一棵小树苗，每一次亲子阅读都是在给这棵小树苗浇水、沐浴阳光。对孩子来说，亲子阅读既是一个学习的过程、一种成长的体验，也是与妈妈的情感交流。

亲子阅读是一项长期工程，需要妈妈带着孩子一起坚持，同时也要邀请爸爸积极参与，让阅读成为一家人的共同活动和爱好。需要注意的是，妈妈要精心挑选亲子阅读的书籍，根据孩子的认知发展水平选择最适合孩子阅读的图书，阅读内容应该多样化，如故事绘本、科普书、游戏书等，以此来满足孩子的不同阅读需求；在亲子阅读的时间选择上，需要结合自己家的实际情况，和孩子一起制订阅读计划，比如每天固定时间阅读、规定时长，让亲子阅读成为全家人的习惯，这对于孩子养成良好的作息习惯有积极的促进作用。

目标和梦想是孩子
坚持好习惯的不竭动力

前四节我们一起认识了养成良好习惯和性格对孩子的重要性，那么下面让我们一起总结一下，帮助孩子养成好习惯、好性格，总共分几步？第一步：引导孩子对养成某个习惯产生的认同、动力和兴趣；第二步：让孩子明确某个良好习惯的具体标准和方法；第三步：通过坚持不懈的行为训练，让好习惯由被动到主动；第四步：及时评估和奖惩，在成功体验中养成好习惯；第五步：创造良好的环境，用目标和梦想激发孩子的内驱力，为孩子养成良好习惯提供强大的支持和力量。

如果要在五个步骤里选出最重要的一步，你会如何选择？笔者认为最重要的是第五步，只有这一步做得好，整个习惯养成才能形成完美闭环。在做好前四步后，妈妈要花更多的时间为孩子创造良好的习惯养成环境，调动孩子的积极性，让孩子明确自己的目标和梦想，并以此激发孩子的内驱力。

笔者在上初三之前一直学习成绩一般，因为虽然妈妈每天都告诉我学习很重要，要养成良好的学习习惯，比如每天回家之后先复习老师当天讲的内容，再做作业，然后再预习第二天的学习内容，这样可以形成良性循环、提高学习效率，但我一直都是坚持几天就放弃了，因为我不知道学习是为了什么，所以没有动力和力量坚持。这种情况一直持续到初三，初三刚开学的第一天，班主任老师的中考动员会改

变了我对学习的态度。班主任问我们长大后的理想是什么,有人说想当医生,有人说想当老师,有人说想当警察。我告诉老师,我想当一名作家。班主任在黑板上一一写下这些职业,然后带着我们继续分析:想当作家,要读中文系;想当医生,要考医科大学;想当老师,要考师范大学;想当警察,要考警察学院……最后班主任画了一个箭头,说:"不管你们以后考什么样的大学,都需要先全力以赴准备中考,中考是这些梦想的基础。"从这一天起,我知道我每一天的学习都和未来的梦想息息相关,不用妈妈督促,我为自己制订了详细的学习计划,养成了良好的学习习惯,通过初三这一年的努力,我的成绩从

全班二三十名提升到了前五名。现在我已经成为一名作家，回望我过去的学习生活，梦想是我坚持良好学习习惯和生活习惯的巨大动力。

一旦妈妈能够帮助孩子明确他们的梦想和目标，就像在他们的身体里安装了一个充满力量的马达，成为他们向前走的动力和内驱力。有梦想和目标的孩子，根本不需要妈妈督促和看管，对梦想和目标的渴望将让他们学会自我管理。

在本章的最后，再送给妈妈们一个温馨提示：在帮助孩子养成良好习惯的过程中，你需要降低自己的期望值，不要给孩子太大的压力。当我们在穿针引线的时候，越是想把线精准地穿过针孔，我们的手就越会控制不住地颤抖，这种现象叫"目的性颤抖"。当我们急于求成，想尽快帮孩子养成好习惯的时候，可能就越难达到我们想要的结果。培养孩子的习惯是一个循序渐进、需要反复的过程，世界上不存在完美的人，也不存在完美的孩子，孩子的成长不会一帆风顺，孩子的好习惯养成也不会一蹴而就。

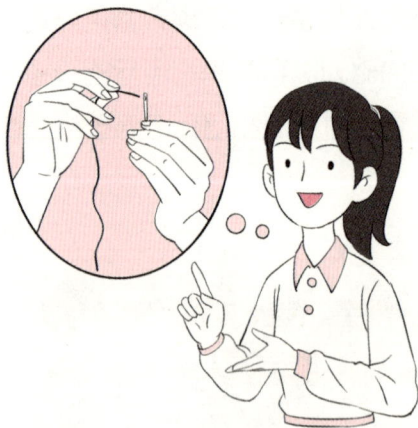

第四章

共同进步，做孩子学习路上的亲密战友

"惩罚"也是一门学问，妈妈要用心学习

琳琳和依依是同班同学，初二的她们已经获得了可以偶尔结伴出去玩耍的"特权"，但是妈妈与她们约法三章：走之前必须告知家人去哪里、和谁去、什么时候回家；在外面要结伴而行，带着电话，让妈妈随时可以找到自己；最后要按照约定时间回家。

一天，琳琳和依依相约去商场抓娃娃，玩得太过投入的她们都忽略了时间的流逝，本来说好五点回家，结果两个人到家的时候已经是七点钟了。

两位妈妈所采取的不同批评惩罚方式收到了不一样的效果和反馈。琳琳的妈妈严厉地批评了琳琳，并惩罚她一个月之内不允许出门玩儿，琳琳十分不服气，心想：只是偶尔一次晚回家，妈妈怎么这么不近人情！她的内心对妈妈的管教充满了排斥和厌倦。依依回家的时候，她的妈妈正在客厅看书，看

见依依回家，妈妈看了看墙上的时钟，顿了一下，说："依依，你终于回来了，我和爸爸一直在等你吃晚饭。"看着妈妈关切和紧张的眼神，还有桌上放凉的饭菜，依依心里十分内疚，对妈妈说："对不起妈妈，今天我和琳琳玩得实在是太开心了，忘记了时间，让您和爸爸担心了，我错了，您惩罚我吧！"妈妈走上前，摸了摸依依的头，说："妈妈小的时候也经常玩得忘了时间，姥姥还因为这个打过我呢，这都是成长路上的小插曲，下次注意就好了。但是惩罚是少不了了，那就罚你——刷一个星期的碗！"说完，依依和妈妈都笑了起来，然后就一起邀请爸爸吃晚饭，这个夜晚让依依久久难忘。从此以后，依依再也没有失约过，每次都按照和妈妈约定的时间回到家。

如果你的孩子也犯了依依和琳琳的错误，你会选择哪位妈妈的惩罚方式呢？你是不是也发现了不同惩罚方式的不同教育结果？原来惩罚和批评也是一门学问，需要妈妈在实际教育过程中不断反思和总结，最终选择适合自己和孩子的方式。

1. 有时建议比批评更有效

妈妈在批评和教育孩子的时候，通常会用讽刺性的语言、激动的语气、紧张的气氛让孩子感受到形势的紧迫，让孩子心理压力巨大，妈妈希望通过这"苦口良药"和"逆耳忠言"帮助孩子改正错误，但很多时候这样的美好期待很难收到预期的效果。妈妈可以学习用商量和建议代替严厉的苛责，避免让孩子产生逆反心理，就像上述例子中的琳琳，妈妈的严厉批评非但没有取得良好的反馈，反倒将孩子推到了自己的对立面。

2. 太多的惩罚会"物极必反"

很多妈妈有这样的困惑：为什么这么严厉的惩罚都不能帮助孩子改正错误呢？难道我要加大惩罚力度？其实这时候妈妈应该静下心来反思自己，经常性的惩罚会让孩子把惩罚当成家常便饭，从而产生这样的想法：妈妈的惩罚也不过如此，就算打一顿，我也能接受。过度的惩罚还会让孩子失去自信、性格暴躁，具有暴力倾向，对父母产生敌对情绪。惩罚是一把双刃剑，过度惩罚不但会离最初的教育初衷越来越远，还会伤害孩子。

3. 偶尔的宽容胜过严厉的惩罚

妈妈惩罚孩子的最终目的是帮助孩子改正错误，有时候与其惩罚批评孩子，不如选择偶尔性沉默，给孩子一个自我反省的机会，你的宽容和理解对孩子来说也是一种"心理惩罚"，面对妈妈的理解、宽容和沉默，孩子反而会紧张、产生内疚感，从而可以换位思考自己的错误，重新认识自己。

好妈妈养成攻略

著名教育学家苏霍姆林斯基在《家庭教育学》中写道："孩子道德发展的源泉在于母亲的智慧、情感和内心的激情，人在自己的道德发展中变得如何，取决于有什么样的母亲。"

从孩子呱呱坠地的那天起，妈妈们都立下了相同的目标：成为一位好妈妈。但什么样的妈妈才是好妈妈呢？就像每个孩子都有自己的成长轨迹一样，好妈妈的评判标准也不该是唯一和固定的，妈妈们需要在和孩子一起成长的路上不停地调整自己、完善自己、善待自己、释放自己，每个好妈妈的养成攻略都是独一无二的，需要自己去探索、开发和尝试。

1. 平衡工作和家庭？请不要戴着镣铐跳舞

笔者的朋友小丽在 35 岁步入婚姻殿堂，婚后一年多就做了妈妈，做妈妈的喜悦还没持续多久，她就陷入了焦虑的情绪之中。在闺密们一起聊天儿的过程中，她哭着向朋友们倾诉自己的压力：原来她在生宝宝前是一名出色的市场销售总监，休完产假后，她既想照顾好家庭、宝宝，又想迅速恢复生产前的工作状态，努力平衡好家庭和工作的关系。

不知从什么时候起，很多人对妈妈的要求严格到近乎苛刻，孩子学习不好是妈妈的错，孩子生病是妈妈的错，工作表现不好也是因为妈妈没能力。为什么要让其他人定义我们自己的生活呢？不妨试着放轻松，允许生活在一段时间里有些混乱，允许自己的工作停滞不前，给自己时间去调整和适应，你会发现，在卸下这无形的镣铐后，你的生活反而变得轻松和高效了。我的朋友小丽后来和公司请了几个月的假，让自己去调整和适应，她渐渐找到了自己的方法，比如做计划表、保持高效工作效率、做好时间管理、定期和朋友聊天儿等，她的生活又恢复了往日的活力，工作也渐渐步入正轨。

2. 你不是一个人在战斗，请构建自己的支持系统

如果没有当妈妈，我们很难想象一个孩子的到来可以给一个家庭增添多少工作量：洗衣、做饭、辅导孩子功课、收拾屋子、陪孩子玩儿、送孩子去各种课外班……除非妈妈有三头六臂，否则根本没办法独自应对所有事情。请妈妈们记住：你不是一个人在战斗，一定要构建自己的支持系统。爸爸的有效加入不但能分担妈妈的辛苦，对家庭的和谐、亲子关系的维护都大有益处。在共同分担的过程中，爸爸也更能体会妈妈的辛劳，所以妈妈一定不要独自默默承担，变成"丧偶式育儿"。有的爸爸从刚结婚开始就能主动分担家务，和妻子一起维护小家；有的爸爸从小娇生惯养，再加上男人的粗枝大叶，他们可能最开始不懂得主动分担家务、照顾孩子，在他的思维体系里根本就没有这一项。对于这样的爸爸，妈妈们要动用女性的智慧、温柔等优势，引导他们慢慢承担起照顾家庭的任务，让他们成为自己优秀的队友。

3. 不做焦虑的完美主义者

　　我们在前面提过，妈妈的阳光心态是孩子一生享用不尽的财富，不做焦虑的完美主义者就是妈妈良好心态的有力保证。生活、工作、家庭、孩子，我们不可能把每一件事都处理得尽善尽美，如果我们用完美的标准要求自己，最后的结果一定是不完美的，还会让我们陷入焦虑的旋涡。著名心理学家温尼科特提出"足够好的母亲"理论：妈妈在开始的时候几乎完全适应她的婴儿的需要，并且随着时间的推移，她逐渐适应得越来越少，并根据婴儿逐渐增长的能力来应对她的失败。我国心理学家曾奇峰把这个术语理解为"60 分妈妈"，意思是妈妈能为婴儿提供一个基本被满足、基本控制的养育环境就可以了。这样既可以避免妈妈因为过于苛求完美而焦虑，又可以给孩子一定的自主空间，既能满足孩子的需求，又能培养孩子的独立性。

每个孩子都很独特，妈妈要学习做一个伯乐

天下没有两片完全相同的树叶，也没有两个完全相同的孩子。美国教育学家和心理学家加德纳被誉为"多元智能理论"之父，他指出人具有八种智能：语言智能、数学逻辑智能、空间智能、身体运动智能、音乐智能、人际智能、内省智能、自然认知智能。不同的孩子有不同的智力结构和侧重点。这就是为什么有的孩子天生爱唱歌，有的孩子天生爱画画儿，有的孩子动手能力强，有的孩子擅长奔跑跳跃，有的人善于动手操作，有的人却愿意独行于抽象的思维王国……

蔡元培说："教育是帮助被教育的人，给他能发展自己的能力。"千里马常有，而伯乐不常有。每个孩子都是一匹潜力无限的千里马，妈妈不应该做"驯马人"，而应该做能充分发挥孩子优势的伯乐，善于发现孩子的独特之处，最大限度地发挥孩子的特长，做孩子人生路上的第一个伯乐。发现孩子的性格特质和优势后，妈妈就该根据孩子的具体情况因材施教，而不是随波逐流，跟随当下流行的教育观念千篇一律地教育孩子。

1. 如何引导爱发脾气、争强好斗的孩子

我们会在生活中遇到这样一类孩子，他们的攻击性很强，容易被激怒，喜欢与人竞争、争吵，总是想和其他人争出胜负。对于这样的孩子，伯乐妈妈应该怎么做呢？如果在孩子表现出上述问题的时候，妈妈总是严肃地批评孩子、否定孩子，那么他们富有攻击性、易被激怒的问题会越来越严重。

伯乐妈妈首先要确定孩子愤怒的原因，带孩子分析、复盘，让孩子真正了解自己的攻击性行为对自己和他人带来的伤害，让他们学会自我控制。同时要善于倾听孩子的感受，信任孩子，多多关注孩子的情绪起伏，定期与孩子沟通。通过正确引导，把孩子喜欢竞争的特点变成他们的优势，让它成为孩子学习和生活不断进步的动力。

2. 如何引导胆小懦弱的孩子

很多人在小时候就一副天不怕地不怕的架势，遇到什么事情都会勇敢面对。也有一些孩子从小就性格软弱，见到外人就往家长身后躲，在学校也经常被人欺负。不论家长怎么引导和教育，孩子依然胆小怯懦，妈妈急得团团转，不知如何是好。孩子胆小主要有两种情况：第一种情况是有些孩子天生胆小，对外界的刺激比较敏感，容易产生紧张焦虑的情绪；第二种情况是受到家长的教育的影响，孩子的性格和原生家庭的培养有着密切联系，有的妈妈对孩子实行打压式教育，经常吼孩子，导致孩子不管做什么事都喜欢看父母的脸色。长此以往，孩子就形成了懦弱的性格。

对于这类孩子，妈妈要培养他们的"逆商"，鼓励他们勇敢地面对困难。给予孩子信任和关怀，让他们渐渐变得自信、勇敢、乐观。妈妈还要鼓励孩子多交朋友，为孩子创造良好的社交环境，不断锻炼孩子的社交能力，这些都会渐渐改变孩子懦弱胆小的性格。

有的孩子爱哭，有的孩子乐观，有的孩子悲观……每个孩子都是一颗独一无二的种子，有的孩子会开出美丽的花朵，有的孩子会长成一棵苍天大树。妈妈要做好孩子的伯乐，因材施教。蒙台梭利说："每个人的成长都有一个程序，他在某个年龄特征段该领悟什么样的问题，其实是固定的，你没办法强求，过分人为地加以干涉只会毁了他。"每个孩子都有自己的成长节奏，所以妈妈应顺着孩子的"长势"，为孩子选择最适合他的成长方式，用时间等待孩子成长，静待花开。

亲子共学：那些妈妈应该学习的教育方法

在家庭教育中，妈妈应该与时俱进地学习各种理论和知识，通过阅读、学习、参加各种培训等方式，不断充实自己的知识储备，为孩子提供一个更为丰富的求知环境。当妈妈的认知水平得到提升时，孩子也将在妈妈的引导下，逐步探索更为广阔的知识领域。

以下是六种比较有影响力的教育方法，每种教育方法都各有利弊，希望妈妈们能结合自己孩子的实际情况，运用适合孩子和家庭的教育方法，科学地教育孩子：

1. 赏识教育法

赏识教育是一种尊重生命规律的教育，是生命的教育、爱的教育，也是一种充满人情味、富有生命力的教育。"赏识教育"的提出者周弘认为：每个人都渴望得到赏识、尊重、理解和爱。妈妈们应该精准地找到孩子的优点和长处，并以此为核心，给予孩子充分的表扬和肯定，逐步形成"燎原之势"，让孩子对自己充满自信。

2. 天才教育法

塞德兹是哈佛大学的心理学教授，在他的教育和影响下，他的儿子在 11 岁时考入哈佛大学，并最终获得了哈佛大学的博士学位。塞德兹通过总结他对儿子的教育经验和研究成果，提出了"天才教育法"，这种教育法认为孩子的发展和成功不仅与先天遗传、禀赋等因素有关，更与后天的环境和教育息息相关，在一些情况下，后者甚至起着决定性的作用。塞德兹认为一个孩子的才能、智力和品质大多取决于后天得到的教育。

3. 自然教育法

斯托夫人根据自己的教育经验写成了《斯托夫人的自然教育法》，阐述了早期教育的重要性，其核心观点是"伟大始于家庭"，认为孩子能否成为杰出人物完全取决于母亲对其实施了什么样的教育；大自然是最好的老师；游戏是开发孩子智力的重要途径，妈妈要充分利用；在对孩子进行智力开发的同时，不能忽视对孩子进行道德品质的培养。

4. 快乐教育法

通过对孩子天性的透彻分析和妥善驾驭，英国著名教育家斯宾塞提出了快乐教育法。这种教育方法强调的是对孩子的教育应该符合他们的心智发展顺序和水平。斯宾塞认为兴趣是孩子做好一切事情的基础，兴趣是孩子最好的老师。

他认为教育的根本目的是让孩子成为一个快乐的人，应该让孩子在快乐的状态下学习，顺随孩子的天性发展，以"让孩子成为他自己"为核心教育理念。

5. 全能教育法

儿童早期教育的开创者卡尔·威特开创了全能教育法，并将这个教育方法应用到自己先天不足、略显痴呆的儿子小卡尔身上，最终取得成功，他以事实证明了早期教育对儿童成长的重要性。卡尔·威特坚信法国启蒙思想家爱尔维修的观点："即使是普通的孩子，只要教育得法，也会成为不平凡的人。"这个教育方法的核心是：（1）孩子成为天才还是庸才，不取决于天赋，而取决于出生后的早期教育；（2）教育孩子应该从提高母亲的素质做起。

6. 实践教育法

实践教育法认为增强孩子能力最好的方法就是使父母成为教育的实践者。妈妈不仅要了解孩子独特的心理动态，还应该针对不同孩子的个性特征，不断地在生活和学习实践中摸索教育孩子的方法。妈妈要在日常生活和教育中把教育和实际生活结合起来，只要妈妈善于发现，生活中到处都是学习的机会，只要妈妈能够巧妙地利用，不管多么讨厌学习的孩子，最终都能爱上学习。

用爱和智慧滋养孩子的童年

不幸福的童年需要一生去治愈，幸福的童年能够治愈孩子的一生。妈妈要具备能让孩子充满安全感的爱心、能发现美的眼睛、能唤醒孩子潜能的智慧，和孩子一起学习和成长。在这个过程中，妈妈要尊重孩子、给予他们自由、倾听他们的心声，并根据孩子的实际情况及时调整自己的心态。

笔者在大学做调研的时候认识了大四学生小美，自信稳重的她一下子吸引了我的目光，恰巧我当时在写一篇关于当代大学生学习和就业现状的论文，

需要做一个大学生在校学习情况调研，我便向小美发出邀请，想对她做一个访谈，小美欣然答应。

　　在访谈中，我向小美提出了一些基本问题，小美对答如流，阳光自信的状态让我如沐春风。正在为孩子教育问题苦恼的我在访谈最后问小美："回望过去，你觉得家庭对你最大的影响是什么呢？是父母为你提供的丰富的物质条件，还是精神上的滋养呢？"小美仔细思考了一下，在思考的那几秒钟，她的眼中充满了幸福的光芒："我的家庭特别普通，爸爸妈妈都是工人，没有多余的钱为我报辅导班，我的吃穿用度都非常普通。但是父母给我最大的财富，也是让我受用终身的，就是他们对我陪伴、宽容，给予我充分的信任和自由，也就是您说的精神滋养。同学们都说我身上有一种松弛感，我想这全都归功于妈妈对我的精神滋养。"小美说，她小的时候喜欢探索和尝试，只要能保证安全，妈妈就不会限制她，哪怕她会把衣服弄脏、会摔倒、会犯错、会给妈妈添麻烦，妈妈都不会指责她，而是无条件地支持她自己探索、自己得到问题的答案。

教育家苏霍姆林斯基提出：把每个孩子培养成幸福的人。学校对于孩子应该学习的各种知识做了细致的规定，却没有规定要给予孩子最重要的东西，那就是幸福。妈妈们要明白，家庭最需要为孩子提供的就是学校教育没有涉及的内容——幸福，为孩子提供精神滋养和幸福源泉。

1. 用童趣滋养孩子，呵护孩子的纯真心灵

　　对于"80 后"和"90 后"而言，童年时期的生活水平没有现在这样丰富，物质相对匮乏，我们不能像现在的孩子这样，寒暑假能出去旅游，更没有电脑、平板等电子设备，但那时的孩子每天都可以在外面玩耍，玩儿弹弓、过家家、捉迷藏、跳皮筋儿、打水仗、玩儿泥巴、跳房子……现在的孩子赶上了物质极度丰富的年代，他们的房间里堆满了玩具，衣橱里挂满了精美的衣服，可以通过各种途径感受大千世界的美好。妈妈要让孩子的精神世界跟得上物质世界的快速发展，让孩子在童趣中拥有快乐幸福的童年，拥有值得一生回忆的美好记忆，呵护孩子的纯真心灵。

2. 用梦想和想象力滋养孩子

　　妈妈一定不要把想象力、异想天开当成贬义词，对孩子的想象力进行打压和否定。对孩子来说，有多大的想象力，未来才有可能取得多大的成就。一位诗人曾说："我宁可做人类中有梦想和有完成梦想愿望的、最渺小的人，而不愿做一个最伟大的无梦想、无愿望的人。"孩子的成长应该伴随着童真童趣和无边无际的幻想，妈妈要像保护孩子的身体一样保护他们的想象力，因为限制想象力就是限制他们的人生。所以，妈妈要支持孩子的天马行空，呵护孩子的想象力，孩子会回报给你一个又一个意想不到的奇迹。

第五章

没有规矩不成方圆，定规矩有技巧

好好说话，
孩子才会认同你的规矩

俗话说：没有规矩，不成方圆。"规矩"原本是指画和校正圆形、方形的两种工具，现在多用来比喻标准法度。世间万物，皆有规矩。四季轮回、物种演化，无不遵循着某种自然法则，人类需要遵守自然的规矩，对自然规矩充满敬畏。行为习惯、生活伦理，它们是我们日常做事的规矩，也是每个人想舒适地生活在这个世界上的基本规矩和底线。组织纪律、法律法规，更是我们必须遵守的规矩。

在一档法制节目中，主持人介绍了十余起未成年人盗窃案件，心理学专家对这些未成年人进行了跟踪调查，想知道他们进行盗窃犯罪的根本原因。笔者在看这个节目的时

候以为这些未成年人可能是因为家庭条件不好，或者被人胁迫等原因才走上了犯罪的道路。结果却和我想象的大相径庭，大部分未成年人是因为小的时候看到喜欢的东西就拿，父母没有为孩子定好规矩并在孩子出现这样问题的时候及时制止，家长的放纵让孩子觉得这种行为是正常的，长大后就渐渐发展成了犯罪。

由此可见规矩对一个孩子成长的重要性，妈妈为孩子立规矩要抓住两个重要成长阶段：第一个阶段是 1~7 岁的幼年期，在这一时期，孩子的主要任务是学规矩、懂道理、长知识，妈妈一定要让他们清楚地知道，什么事情能做、什么事情不能做。第二个阶段是 8~12 岁的少年期，在这段时间，虽然孩子的很多行为处于模仿阶段，但他们已经有了自己的思维，如果在第一阶段没有为孩子立好规矩，那么这个阶段的他们接受规矩的效果会大大降低。但妈妈也不要放弃，正如一句话所说：种一棵树最好的时间是 10 年前，其次是现在。

不管是对于 1~7 岁的孩子，还是 8~12 岁的孩子，想让孩子认同妈妈定下的规矩，最关键的是妈妈要好好说话，注意自己的沟通表达方式。

1. 定规矩，请别唠叨

妈妈们都知道，孩子的成长离不开父母的关心和爱护，但在告诉孩子基本的规矩和原则之后，对于一些无关紧要的事，妈妈可以睁一只眼闭一只眼，抓大放小，让自己和孩子都轻松一些，把主要精力放在培养孩子的核心能力和规矩之中，比如人生态度、价值观、生活习惯、学习方法，等等。采用张弛有度的管理模式，会让孩子更愿意和你亲近，也更愿意接受你的管教和规矩。

在明确告诉孩子具体的规矩之后，很多妈妈要求孩子言听计从，期望孩子马上达到自己的标准。这种急于求成的想法和期待忽视了孩子的生理和心理水平的局限，孩子毕

竟是孩子，他们的成长需要一个过程，接纳规矩和内化规矩也需要时间，妈妈要克制自己的急躁情绪，给孩子充分的时间去改变和历练。

2. 表扬和肯定是规矩的催化剂

你和孩子相处的时候，是什么样的相处模式？是像朋友般平等对话，还是你以长辈的姿态居高临下地和孩子交谈？如果家长以平等的、朋友般的谈话口气与孩子交谈，而不是训话，就可以顺利地与孩子交流思想。孩子渴望被关心、爱护、信任、理解，只有这些心理需求得到满足，他们才能认同父母给他们定下的规矩。

在给孩子定好规矩后，妈妈就要相信孩子，不要把怀疑挂在嘴边，否则就会打击孩子的自信心和积极性。妈妈若能以一种温和、平等的态度，以及适当的语言和孩子交流，就可以将爱、规矩和教育完美地结合在一起，让孩子在守规矩的同时，快乐、自信、健康地成长。

尊重孩子，孩子才会接纳你的规矩

笔者有一个好朋友娇娇，因为我家和她家是邻居，所以从小我们一起长大，就读于同一所小学和初中。她现在已经是两个孩子的妈妈了，每次去她家，我都不禁皱起眉头：家里的物品随意摆放，孩子和大人的衣服零零散散地放在地上，厨房也凌乱不堪，到处是做饭过后留下的水渍和油渍，餐具布满餐桌和厨房台面。每次看到这样的场景，我都特别无奈地对娇娇说："你家就像刚被打劫了一样，你就不能收拾收拾吗，请个钟点工也好哇，长期这样孩子都不懂规矩了。"娇娇回应我的永远是一副满不在乎的样子："哪儿来的那么多规矩，生活就该轻轻松松、自由自在！"看到她这个样子，我总是会想起她的妈妈——极度爱干净，甚至有些洁癖的张阿姨，她对孩子要求非常严格，不管是学习还是生活，她给女儿娇娇定了很多规矩，一旦娇娇不按规矩做事，她就会不分时间和场合地责骂娇娇。让我印象深刻的是一个早晨，我去娇娇家找她一起上学，娇娇背起书包，刚要和我一起出门，就被她妈妈的一声呵斥叫停了："娇娇，吃过饭怎么又没把碗筷放入洗碗池？太没规矩了！简直就像个野孩子！没收拾好就不准出门！"娇娇的脸一下红了，只能放下书包，对我说："你先去上学吧。"我只能尴尬地独自离开。长大后的娇娇最烦的就是"规矩"两个字，她说妈妈的规矩让她没有尊严和面子，让她的生活充满痛苦。

孩子没有按照家长的要求做事，或是犯了错误，最重要的不是批评和教育孩子，而是要注意教育和讲规矩的方式方法。孩子的自尊心是他们归属感、价值感和尊严的核心，一旦孩子的自尊心受到伤害，将会对他们的心理健康造成长远的影响。"没有尊重，一切的教育都等于零。"很多妈妈在教育孩子、给孩子立规矩的过程中，常常会陷入对错的纠结，却忽视了一个最基本的前提——尊重孩子，维护孩子的尊严。

1. 正面的激励和指导能增强孩子的自信心

当孩子碰翻了一杯果汁、打碎了一个花瓶，你应该怎么做呢？当错误发生的那一刻，孩子的内心已经意识到自己犯错误了。如果这时候妈妈可以克制住心里的愤怒情绪，和孩子一起清理破碎的玻璃杯、清洗地板，孩子会十分珍惜这次机会，将会和妈妈一起认真地打扫，为自己的过错感到惭愧，下次他一定会更认真负责。

2. 耐心引导孩子，为孩子解释规矩背后的深意

有的父母只是"简单粗暴"地为孩子立规矩、要求孩子执行，却没有告诉孩子为什么让他们遵守这样的规矩。比如妈妈告诉孩子，每天要认真刷牙、按时睡觉、见到熟人积极打招呼等，却没有告诉孩子这些规矩对孩子的重要意义。只有孩子知晓了这些规矩对自己和家庭的重要意义，他们才能更容易遵守和维持。

3. 要维护孩子的尊严，不做伤害孩子的事

有的妈妈不分时间和场合，只要发现孩子犯错，就会马上严肃批评孩子，不顾一切地教育孩子，完全忽视了孩子的自尊心，面对孩子的解释和需求，也只会简单直接地拒绝孩子，让孩子的心理受到伤害。

孩子也是要面子的，一旦家长让孩子觉得没面子、没尊严，他们就会产生对立情绪。妈妈应该讲究教育方法和艺术，当孩子在外面犯错时，也要压制住心里的怒火和不满，回家听孩子解释后，再一起解决问题。

父母以身作则，孩子才会自觉遵守规矩

　　生活中的这些场景，我们一定不会感到陌生：妈妈告诉孩子要多阅读、长知识，不要看手机。而妈妈呢，一个月连一页书都读不完，每天捧着手机刷短视频、组队打网游；妈妈告诉孩子要有公德心，在外面不要乱扔垃圾，而妈妈呢，随手扔垃圾、吐痰、插队……妈妈告诉孩子要尊敬老人，而妈妈呢，在和长辈说话的时候没有耐心，还经常斥责老人；妈妈告诉孩子要养成早睡早起的好习惯，而妈妈呢，每天追剧到凌晨，第二天睡到日上三竿。

最好的教育就是言传身教。规矩应该不只是针对孩子而立的，家长给孩子立规矩的时候，要时刻提醒自己不要打破规矩，要和孩子一起遵守，为孩子做好榜样。否则，孩子将会效仿父母不守规矩的行为，对父母产生强烈的质疑："凭什么你可以这样做，我就不可以？就因为你们是大人吗？大人就有特权吗？"

1. 做好孩子的启蒙之师

古人云："孔子家儿不知骂，曾子家儿不知怒，所以然者，生而善教也。"家庭是孩子生命的摇篮，也是他们出生后接受教育的第一个场所、第一个课堂。孩子成长于家庭，他们的生活习惯、人际交往、行为模式、情绪管理，以及孩子的价值观、处理冲突的方式等，都与父母的言传身教和熏陶有着紧密的联系，可以说父母是孩子的"启蒙之师"。

作为孩子的启蒙之师，父母要有权威性，对孩子的教育要有及时性、感染性。所谓权威性，是指在父母身上体现出的影响力。明智的妈妈不仅懂得树立威信的重要性，更懂得家长在孩子心里的权威不能靠压制、强求，而是要让孩子发自内心地敬佩、认同。

2.认识和尊重孩子的天性，相信赏识的力量

宋代理学家朱熹这样总结孔子教育学生的方法："孔子教人，各因其材。""因材施教"同样适用于家庭教育，妈妈要针对自己孩子的具体情况和个性差异进行针对性的教育，这样才能让孩子更好地发展。每个孩子都有自己的闪光点和不足之处，妈妈要仔细观察孩子的兴趣、优势和劣势，鼓励孩子积极发展自己的优势，克服缺点、增强信心，尊重孩子的天性，帮助孩子全面、健康、快乐地发展。

同时，妈妈一定要相信赏识的力量，优秀的孩子一定不是通过批评、否定的方式逼出来的，而是要运用赏识的力量，让孩子对自己有正确的认知，接纳自己、肯定自己、相信自己，创造属于自己的奇迹。

3. 和孩子一起遵守规矩，做自律的人

　　有的孩子食不言寝不语，说话彬彬有礼，他的父母在日常生活中一定也是这样要求自己的；如果一个孩子能够逻辑清晰地为自己制订学习计划并严格执行，他的爸爸妈妈也一定能把工作和生活安排得井井有条。有的妈妈在看见孩子遇到一点儿小事就暴跳如雷的时候会问："这孩子怎么脾气这么暴躁呢？"其实妈妈应该反思一下自己和爸爸平时的脾气和性格，或许孩子就是在潜移默化的影响下才慢慢养成这样的性格的。有人说孩子就是父母的复印件，我很赞成这个观点。爸爸妈妈不妨和孩子一起遵守规矩，在养育孩子的过程中也把自己重新"养育"一遍，和孩子一起做一个自律的人，做孩子的战友、伙伴和榜样。

方中有圆，自由空间
让孩子学会独立

引导孩子守规矩、养成好习惯很重要，但给予他们足够的自由空间和时间也同样重要，妈妈应该明白这个道理：方中有圆的适度自由不是放任孩子，而是让他们对自己的生活和学习有一定的自主权和支配权，在这个过程中，妈妈要尊重、指导和支持他们，只有在这样的教育氛围和环境中，孩子才能身心健康地成长和发展。

妈妈们都希望自己的孩子养成良好的习惯、独立自主，但是爱子心切的她们却在不知不觉中为孩子们做好每一件事，无形中剥夺了孩子独立自主、自我锻炼的机会。

场景一

小乐终于成为一名小学生，第一天上学，小乐在学校里摔了好几次，班主任老师急忙询问到底发生了什么事，小乐不好意思地低下了头，顺着小乐的目光，班主任老师看到小乐的两只鞋的鞋带都开了，所以小乐走路的时候会经常踩到鞋带而摔倒。"小乐，鞋带开了，你为什么不系上呢，这样多危险哪！"班主任老师带着责备的口气说。小乐的头垂得更低了："老师，我不会系鞋带，在家里的时候都是妈妈和奶奶帮我系鞋带。"班主任老师无奈地摇摇头，只能俯身帮小乐系好鞋带。

场景二

舞蹈考级马上要开始了，妈妈们要在门外等候，孩子们自己在考场里根据舞蹈节目的不同随时更换舞蹈服。时间有限，舞蹈老师要求更换舞蹈服又快又好，可是好多孩子不是把衣服穿反了，就是穿到一半的时候卡住了，妈妈们在外面又急又气："这孩子，笨手笨脚的！""其他孩子都穿好了，你看她怎么这么慢！"哎呀急死我了，不行，我得进去帮帮孩子！"

以上这两种场景妈妈们一定不陌生，可能它们每天都发生在你们的生活之中。妈妈们的口号是：一切为了孩子，为了孩子的一切。爱子心切的她们恨不得帮孩子做好每一件事，结果就是孩子缺乏独立能力，依赖性强，懒惰、怕吃苦、没办法适应集体生活。妈妈们需要知道的是，我们能替代孩子一时，却无法替代孩子一世，孩子们总有一天要独自面对生活，更重要的是，生活中的规矩需要孩子们自己去体验，让孩子独立去感受、体悟。

1. 规矩在独立生活中形成、固化

著名教育学家陈鹤琴说："凡儿童自己能够做的，应该让他自己做；凡儿童自己能够想的，应该让他自己去想。"生活中的规矩，孩子需要在体验中形成、固化，妈妈能够给予孩子最宝贵最美好的东西就是教会他们生存和生活的技能，而不是事事包办。

2. 从自由的生存空间中体会规矩的意义

什么是自由的生存空间？关于这个问题，仁者见仁智者见智，笔者认为，孩子需要的自由生存空间一定是宽松、开放、积极、民主的。自由的时间能够给予孩子自我管理、自主选择的机会，自由的空间则能够激发孩子的想象力、创造力。在自由的时间和空间里，孩子会变成一个发现者、创造者、自我管理者，这样他们才能发自内心地感受到规矩的真正含义和深远意义。

3. 规矩是为了让孩子早日独立飞翔

妈妈们都希望孩子将来能够独立于世，像雄鹰一样翱翔于蓝天之上。而我们每天做的，却与期望背道而驰。想让孩子尽早独立飞翔，我们就不能一直把他们捧在手心之中。妈妈们最终要明白，爱不仅仅是满足，而且是让孩子体验自己的边界。我们定下的规矩，我们对孩子所有的爱，不是为了束缚孩子，而是帮助他们早日独立飞翔。

爱有底线，
妈妈要做到爱而不纵

　　《颜氏家训》中有这样一句话："父子之严，不可以狎；骨肉之爱，不可以简。简则慈孝不接，狎则怠慢生焉。"我们在前面说要无条件接纳孩子，可是有些妈妈往往只接纳孩子的优点；我们知道给孩子定规矩的重要性，有时候在实施的过程中却又没有原则地迁就孩子。在爱与规矩之间，我们需要更好地平衡，给孩子无条件但有规矩的爱，妈妈要有原则地约束孩子，坚守底线，对于以下这些原则性问题，妈妈们必须及时发现并严肃对待、严厉教育，做到爱而不纵。

1. 孩子不诚实，喜欢推卸责任

心理学家的研究表明：2岁的孩子，大约有20%~25%说过谎；3岁的孩子，大约有50%说过谎；4岁的孩子，大约有90%说过谎；7岁的孩子，100%说过谎。说谎并不可怕，它说明孩子已经具有独立意识，自我意识已经开始萌芽，思维开始发展。孩子说谎的原因也是多样的，有的谎言是为了达到某种目的，有的谎言是为了逃避责任，有的谎言是为了引起妈妈的关注……孩子撒谎并不可怕，关键是妈妈如何引导孩子，帮助孩子变成有担当、有责任感的人。当发现孩子说谎时，妈妈要先稳定自己的情绪，鼓励孩子不管发生什么，都要做好承担责任的心理准备，同时为孩子做好示范，用自己的一言一行给孩子做好榜样，并在日常生活中注重培养孩子的责任感。

2. 孩子怕吃苦，没有恒心和毅力

　　有些孩子做任何事都不能完整地完成，稍微遇到难一点儿的事情，孩子要么依赖别人，要么干脆放弃。有的孩子做事三分钟热度，缺乏恒心和毅力。面对上述问题，如果妈妈没有及时纠正，孩子在长大后将不能勇敢地面对困难，很难有所作为。妈妈要在日常生活中让孩子吃吃苦、受受累，经常带孩子进行体育锻炼，不断磨炼孩子的意志。妈妈不要心疼孩子，我们要知道，有些苦现在不吃，以后会加倍偿还给孩子。

3.孩子沉迷于网络，自制力较弱

生活在信息时代，不管是大人还是孩子，和网络接触都是不可避免的，发达的网络技术能够为孩子提供较丰富的教育资源，比如在线课程、教育游戏、电子书等，也能为孩子提供形式多样的娱乐活动、拓宽孩子的人际交往。但网络是一把双刃剑，在给孩子带来种种便利和好处的同时，也给孩子带来了很多负面影响，比如长期沉迷于网络会影响孩子的身体健康，导致孩子的自我认知和情绪管理能力下降、影响学习成绩，等等。妈妈必须通过各种方式帮助孩子合理地使用网络，如限制孩子的上网时间，减少手机使用次数和时间；教授孩子鉴别信息的方法，让他们形成良好的上网习惯；注重教育方法，提高孩子的心理素质，和孩子建立顺畅的沟通渠道；充分开展休闲娱乐活动，如家庭聚会、参加书画展览等。

　　妈妈必须及时纠正和制止的行为还有很多，比如不尊重他人、做事莽撞等，对于这些行为和习惯，妈妈必须严肃对待，我们要让孩子知道，父母对他的爱是始终如一的，不管他犯了什么错、做了什么事、有哪些缺点，爸爸妈妈永远都爱他，但父母也是有底线的，不会因为对他的爱而有丝毫动摇或妥协，正因为爱他，我们才要坚守底线，要给予他无条件但有规矩的爱。

第六章

养育孩子，你需要懂点儿心理学

那些发生在孩子身上的常见心理学现象（一）

案例一：

　　萌萌从小到大都是"别人家"的孩子：在妈妈的精心培育下，她琴棋书画样样精通，以优异的成绩考上了一所重点大学，成绩发布那天，妈妈喜极而泣，觉得这么多年的付出没有白费。但是所有的美好都从萌萌踏入大学那天结束了：为了节省萌萌的时间，让她能全身心地投入到学习之中，妈妈一直包办她的日常生活，萌萌除了学习什么都不用做，有时妈妈甚至帮她穿衣服、挤牙膏。步入大学后，萌萌什么都不会做，也缺少与人沟通的能力，大学成了她的梦魇，一个学期的课程还没结束，萌萌就哭着坐火车回了家。

案例二：

　　实验小学的班主任刘老师被家长称为"会魔法的老师"，因为不管什么样的孩子分到她的班级，无论多么调皮捣蛋、不爱学习，她都能变魔法似的让孩子变得懂礼仪、守规矩、爱学习。其中的魔法就是刘老师给每个孩子都安排一个"头衔"：不爱读书的闹闹是图书管理员，为了胜任这个角色，闹闹必须对图书角的书十分熟悉，在翻阅了解的过程中，他竟然渐渐爱上了读书；上课爱说话的凡凡被任命为"纪律班长"，想管好别人，必须管好自己，所以凡凡对自己要求越来越严格，已经成为最守纪律的孩子……

案例三：

暑假到了，飞飞去住在农村的奶奶家过暑假，农村的一切对于飞飞来说都十分新奇，他每天和小伙伴们一起捉蜻蜓、捕蝴蝶，帮着爷爷奶奶干农活。一天，飞飞和小伙伴们来到一个池塘边，其中几个小伙伴张罗着要下池塘捉鱼，飞飞觉得这样很不安全，不想参与，但是其他小伙伴都说不下去的是胆小鬼，飞飞看大家都下去了，也硬着头皮参与了。结果两个孩子因为踩到淤泥差点儿溺水，还好有大人及时救助，否则就会发生意外事件。

以上几个案例分别反映了几个孩子常见的心理学现象：

1. 依赖心理

心理学家认为，每个人从出生起就有"自适应心理"，孩子从离开母体的那一刻，就要开始适应外界环境，也要慢慢适应社会生活。如果孩子遇到问题，妈妈就马上帮忙解决，不给他们处理问题的机会，他们就会丧失这与生俱来的"自适应心理"，所以妈妈应该适当放手，让孩子独立成长、学习，他们会从中获取经验，越来越自信和从容。

2. 角色效应

实验表明，假如给孩子恰当的角色，并且让孩子自己了解到角色的特殊意义时，他们会要求自己向着扮演角色的优点和特色靠近，并改掉自己的不好习惯，这样的效应被称为"角色效应"。在家庭教育中，妈妈也可以充分利用"角色效

应"，为孩子挑选一些优秀的角色，调动他们的自主性和积极性。

3. 从众心理

"从众心理"指个人受到外界人群行为的影响而在自己的知觉、判断、认识上表现出符合于公众舆论或多数人的行为方式。"从众心理"是一把双刃剑：积极的从众可以激励孩子，向着积极、正能量的方向发展；消极的从众会引导孩子盲目跟从，得出错误的结论、做出错误的行为。妈妈应该有目的性地培养孩子调查研究、独立思考、分析问题的能力，鼓励他们大胆地探索，勇敢地质疑，逐步增强他们的自主意识，从而让孩子能够做到不盲从、不迷信、善鉴别、有主见。有了独立的辨别能力、思考能力和自主意识，孩子就能克服盲目的从众心理，同时也能促进自己的个性发展与全面成长。

那些发生在孩子身上的常见心理学现象（二）

案例一

霍桑工厂是美国芝加哥市郊外的一家制造电话交换机的工厂，它有较完善的娱乐设施、医疗制度和养老金制度，但工厂里的工人们仍然有很多不满，并因此影响工作效率。为了解决这个问题和进行心理测验，心理学专家专门对霍桑工厂的工人进行了一项心理试验：心理专家用了两年时间，与工人进行细致谈话，耐心倾听工人对厂方的各种意见和不满。两年后，这项心理试验收到了意想不到的效果：霍桑工厂的产值大幅度提高。

这就是心理学上有名的"霍桑效应"，心理专家由"霍桑效应"得出结论：当人们意识到自己正在被别人关注时，会下意识地改变自己的行为和方式。这个效应告诉我们，从他人角度，善意的谎言和真心的赞美可以造就一个人；从自己的角度，你认为自己是什么样的人，你就能成为什么样的人。在教育和陪伴孩子的过程中，妈妈应该充分尊重孩子、相信孩子、鼓励孩子，通过有效沟通和孩子聊聊心事，让孩子能够及时有效地排解和释放压力。只要你相信孩子，孩子就能还给你一个大大的惊喜。这就是相信的力量。

案例二

有这样一则有趣又饱含哲理的寓言：南风和北风比谁的威力大，看谁能第一个把行人身上的大衣吹掉。北风使出全部力气，吹出来寒冷刺骨的北风，为了抵御北风的侵袭，行人把大衣裹得更紧了。南风则不急不慌地吹起温暖的风，行人觉得越来越热，便把大衣脱掉了。

这样的现象在心理学上被称为"南风效应"或"温暖效应"，寓言中的南风之所以能达到目的，就是因为它顺应了行人的内在需求。妈妈们对此都深有体会，有的妈妈对孩子非常严厉，甚至会体罚孩子，但效果却并不明显，因为我们对孩子的严厉只会让他们将心里的门关得更紧。

一则新闻曾深深震撼笔者的心，让笔者内心久久不能平静：一个读高中的孩子在学校犯了错误，妈妈来到学校后非常生气，当着同学和老师的面打了孩子，孩子从楼上一跃而下，留下妈妈撕心裂肺地痛哭……虽然不管是严厉的教育，还是欣赏的教育，妈妈对孩子的教育和培养都是出于对孩子的爱，但是不同的教育方式会产生不同的教育结果。在教育孩子的过程中，温暖胜于严寒，妈妈要用智慧的方式去爱孩子和教育孩子，尊重和理解孩子，激发和调动孩子的积极主动性。

案例三

　　一群孩子每天都在一位老人的家门前嬉闹，让老人难以忍受，老人试着通过喊叫、恐吓等方式驱赶这群孩子，但都没有任何作用，老人越愤怒，孩子们的嬉闹声越大。一天，老人给每个孩子10美分并对他们说："你们让我家门前变得很热闹，我觉得自己年轻了不少，非常欢迎你们继续来到这里玩耍，这点儿钱表示谢意。"孩子们很高兴，第二天又来到老人家门前，一如既往地嬉闹，老人给每个孩子5美分作为奖励。虽然没有前一天多，孩子仍然兴高采烈地走了。第三天，老人只给了每个孩子2美分，孩子们勃然大怒："一天才2美分，知不知道我们每天来这里玩儿有多辛苦！"他们向老人发誓，如果老人不继续按之前的标准支付报酬，他们再也不会来他家门前玩耍了。

在这个故事中，老人治服这群"熊孩子"的原理就是将孩子们的内部动机——为自己的快乐而玩儿，变成了外部动机——为得到报酬而玩儿。老人操纵着报酬这个外部因素，因而也可以操纵孩子们的行为。这样的现象在心理学上称为"德西效应"。有的妈妈经常对孩子说："如果你这次考试得100分，就奖励你100块钱。""要是你能考进前5名，就带你出去旅游。"……正是这种错误的奖励机制，妈妈亲手将孩子的学习兴趣从内部动机变成了外部动机。妈妈应该引导孩子树立远大的理想，增进孩子对学习的情感和兴趣，提升孩子学习的内部动机。

那些发生在孩子身上的常见心理学现象（三）

案例一

美国著名心理学家罗森塔尔做过一个实验：把一群小白鼠分成A组和B组，他告诉A组的饲养员：A组的小白鼠非常聪明；又告诉B组的饲养员：B组的小白鼠智力一般。几个月后，罗森塔尔对这两组小白鼠进行穿越迷宫的测试，测试结果表明：A组小白鼠比B组小白鼠更快地走出迷宫、找到食物，它们真的比B组小白鼠聪明。

罗森塔尔又来到一所普通中学的一个普通班级，他在学生名单上随机圈起几个名字并告诉他们的老师：这几个学生的智商很高。过了一段时间，罗森塔尔再次来到这所中学，奇迹又发生了：那几个被他选出的学生现在真的成为班上的佼佼者。

心理学把这样的现象称为"罗森塔尔效应"或"期待效应"，它告诉妈妈们：你把孩子看成什么样子，那么他就会变成什么样子。赞美、信任和期待具有神奇的能量，能改变孩子的行为，增强他们的自我价值，让他们变得自信，获得积极向上的动力。从现在起，请妈妈们经常对孩子说："我相信你以后肯定会成为一个了不起的人。"让孩子从内心相信，自己可以成为一个了不起的人，孩子将向着梦想的目标一步一步地往前走，当孩子有足够的自信心时，妈妈会惊奇地发现孩子身上闪着自信的光芒。

案例二

马克·吐温在教堂听牧师演讲，开始的时候他觉得牧师讲得非常感人，所以准备捐款。可是过了10分钟，牧师还没有讲完，他有些不耐烦了，决定只捐一些零钱。又过了10分钟，牧师还没有讲完，他决定1分钱也不捐。等到牧师终于结束了冗长的演讲，到了募捐环节时，马克·吐温气愤不已，不仅未捐钱，还从盘子里偷了2元钱。

　　在心理学上，把这种由于刺激过多过强、作用时间过久而引起心里极不耐烦或反抗的心理现象称为"超限效应"。其实这种"超限效应"在家庭教育中时常发生。在孩子犯错后，有的妈妈经常过度批评，或反反复复重复自己的话，对同一件事批评很多次，孩子非但不会及时改正，还会产生逆反心理。知道"超限效应"后，我们应该及时调整自己批评孩子的方式，妈妈可以选择合适的时间和场合，与孩子进行一场严肃又不失温柔的谈话，和孩子一起寻找问题的缘由和解决办法，谈过之后就"翻篇"，给孩子空间和时间去自己调整。

案例三

　　根据研究，南半球的一只蝴蝶偶尔扇动翅膀所形成的微弱气流，在几个星期后，由于其他各种因素的共同作用，竟会变成威力巨大的龙卷风，科学家把这种现象称为"蝴蝶效应"。一个极微小的起因，经过一定的时间及其他因素的共同作用，就可以发展成极为巨大和复杂的影响力。

　　妈妈们应该通过"蝴蝶效应"更加确信，在教育孩子的路上，失之毫厘，谬以千里。在孩子的成长过程中，所有的品质、品德、性格的养成，都是从无到有、从小到大，从量变到质变的过程。当妈妈发现孩子在学习和生活中出现小问题时，就要及时想办法纠正，将小错误、小问题扼杀在摇篮中。还要通过生活中的示例、书中的名人榜样等告诉孩子"勿以善小而不为，勿以恶小而为之"的道理。

你的孩子属于哪种"气质类型"，请帮孩子对号入座

"家家有本难念的经"，这句话在教育孩子的问题上得到了淋漓尽致的体现，有的孩子学习好，但是人际交往让妈妈头疼；有的孩子在文艺特长上展现了过人的才华，那可怜的分数却让妈妈伤透了脑筋……

"气质类型"是一个心理学名词，它是对人的气质所进行的典型分类，它以公元前 5 世纪古希腊医生希波克拉底的分类最为著名。希波克拉底认为人体内有四种液体，即血液、黏液、黄胆汁、黑胆汁，根据这四种液体在人体内的比例不同，形成了四种不同类型的气质，即多血质、胆汁质、黏液质、抑郁质。

如何根据孩子的"气质类型"引导和培育孩子呢，孩子从很小的时候就已经表现出了自己的气质类型，如果妈妈们能够早点儿了解孩子的"气质类型"，以及这种气质类型可能带来的人格特点，就会明白孩子为什么会有现在的行为表现，也会更加清晰地知道如何教育和培养孩子，帮助孩子扬长避短，将教育做到有的放矢、事半功倍。

1. 富有朝气、变化无常的多血质孩子

多血质的孩子活泼开朗、富有朝气、充满活力、兴趣广泛，他们乐于助人、与人为善，在生活中一定是一个"社交小达人"，这类孩子的思维也十分活跃，回答问题逻辑清晰、生动具体，能够迅速抓住问题的重点，有很强的适应能力。这类孩子的缺点是做事三分钟热度，很难长时间坚持做一件事，做事不认真。这类孩子的妈妈应该根据孩子的优势实施因材施教的教育策略，充分发挥他们的长处，同时不能忽视他们的缺点，注意训练孩子的注意力，让孩子多做一些细致的事情，让他们成为乐观向上、勇敢有韧性的人。

2. 热情似火、行为冲动的胆汁质孩子

　　胆汁质的孩子总是热情似火，似乎身上有使不完的力量。他们喜欢运动、交流，讲义气、爱打抱不平，做事光明磊落。这类孩子的缺点是性子急、做事冲动，总是不经过思考就急于采取行动。在老师眼里，胆汁质的孩子总是麻烦不断，上课的时候坐在椅子上晃来晃去，不听老师指挥。但老师也会发现，如果给这些孩子安排一些班干部职务，他们又会立刻"变身"，承担起自己的责任和使命，自我管理能力也会不断提升。所以妈妈们，如果你的孩子属于胆汁质类型，那么你就应该注意在日常生活中培养孩子的耐性，给予他们信任，可以让他管理一些家庭事务，让他在责任和担当中控制情绪、培养耐力。

3. 细心谨慎、敏感怯懦的抑郁质孩子

　　抑郁质孩子通常情况下比较胆小、不爱说话，不喜欢与人交往，环境适应能力较弱。他们安静、守纪律、懂道理、

注意力集中，具有丰富的想象力，情感细腻，善于觉察到细微的变化。在教育这类孩子的过程中，妈妈要用女性独有的细致体贴在家庭中创造轻松、快乐、温馨的氛围，多多激发他们的勇气和信心。

4. 冷静专注、固执己见的黏液质孩子

　　黏液质孩子平时很安静，动作缓慢，善于倾听，情绪稳定，很少有事能让他们兴奋和激动，他们永远表现得像个"小大人"。他们的缺点是处理事情不灵活，思维上的惰性让他们因循守旧、安于现状、不思进取。妈妈可以在家里营造幽默轻松的氛围，让孩子经常接受甜蜜、幽默、活泼气氛的感染，多多创造他们和外界交流接触的机会，这些都可以慢慢改变他们沉闷的性格。

这些养育难题，妈妈可以用儿童心理学解释和解决

案例一

小涛是个活泼调皮的男孩儿，4 岁的时候，妈妈发现他说话有点儿结巴，最开始妈妈也没有特别在意这个问题，以为只是淘气的小涛故意模仿别人，但是过了一段时间，小涛说话结巴的问题并没有任何改善。当小涛说话结巴时，妈妈就严厉地斥责和批评小涛，想借此纠正这个问题。但是妈妈的严厉非但没有让小涛说话正常，反倒让小涛更害怕了，为了不让妈妈发现自己说话结巴，他尽量不说话，如果非说不可，他就会非常害怕和紧张，结巴的问题也越来越严重了。

　　蒙台梭利认为，语言是自然赋予人类的一种本能，人类的语言对于儿童来说，犹如人间美妙的音乐，使其自然地吸收，并在适时的时候爆发出来。儿童学习语言的心理机制是在完全无意识的状态下开始的，发展完成之后，就成了大脑的一部分。

　　口吃会影响孩子的语言发育和情感表达，也会损伤孩子的心理健康，给他们造成交流压力，从而害怕在大庭广众下讲话，不愿意与人交流交往，形成自卑、怯懦的性格。

　　虽然口吃的危害较大，但是妈妈也不用发现孩子口吃就如临大敌、焦虑恐慌。说话不流畅是 2~7 岁儿童常见的心理和生理现象，因为这个阶段的孩子思维发展迅速，在表达的时候脑袋里已经知道要表达什么，但是找不到合适的词汇，就会表现为口吃，也就是"嘴的速度跟不上脑子的节奏"。这时候，妈妈要耐心倾听，不指责孩子，引导孩子慢慢说话，不要着急，这样随着孩子词汇量的增加，思维和语言能力越来越协调，口吃的现象就会慢慢好转。如果妈妈不注意引导，过于紧张，反倒容易把孩子的暂时性口吃变成真正的口吃。

案例二

　　程程一直是一个听话的孩子，成绩优异，行为良好，让他的爸爸妈妈十分省心。但是步入初中后，他好像变了一个人，不再耐心地听妈妈说话，经常顶撞爸爸，成绩也下降得厉害，当爸爸妈妈想与他好好沟通时，他总是不耐烦地躲进自己的房间。爸爸妈妈十分伤心，也十分不解：那个乖巧懂事的程程怎么会变成这样呢？

　　心理学研究结果显示，孩子在3~6岁和7~12岁会有两次特殊的心理发育期，表现出叛逆的特点，案例中的程程就处于"第二叛逆期"。这个阶段的孩子正处于生理和心理急剧发育的时期，自我意识增强，不服家长的管教。心理学家把这一阶段称为"心理断乳期""为从父母的束缚中解放出来而战斗的时期"。

　　如何帮助孩子安稳平顺地度过"第二叛逆期"？这需要妈妈的耐心、勇气和智慧。妈妈要学会适当放手，让孩子自己安排学习生活，在一定程度上成全他们想要脱离父母束缚的想法。同时，虽然孩子的独立意识越来越强，但毕竟他们的经验不足，妈妈要用智慧引导孩子，用孩子可以接受的方式为孩子保驾护航。

妈妈们也要随着孩子逐渐长大调整自己的观念，好孩子不一定是听话的孩子，当孩子有了独立意识、不听父母的安排的时候，妈妈要平和地接纳这个事实，因为这也是孩子长大的标志之一。我们可以与孩子平等地交谈，渐渐把父母对孩子的约束潜移默化为孩子的自我要求，由"他律"变为"自律"。

第七章

孩子到底需要什么样的爱

请时常审视自己给孩子的爱

有这样一个故事，每每想起它，笔者都会脊背发凉，并时刻提醒自己，要经常审视自己给孩子的爱，不要让自己的爱变成害孩子的毒药：

古时候，有一位母亲对她的孩子非常溺爱，即使孩子做错了事，母亲也从不批评他。一次，孩子偷偷拿了别人的东西，母亲问他东西是从哪里来的，他诚实地说是偷的。母亲非但没有因此批评孩子，反而问："有没有人看到你拿东西？"孩子见母亲并没有责罚自己，便觉得偷东西是一件普通的事。

"小时偷针，大时偷金"，长大后，这个孩子成了一个强盗，最后因盗窃被判处死刑。临刑前，他提了

最后一个要求：要见他母亲一面。看到母亲后，他对母亲说道："我从小喝你的奶长大，现在我要死了，我只有最后一个要求，想再吃一口奶。"母亲含着眼泪同意了，结果儿子狠心地把母亲的乳头咬掉了。他恨母亲，觉得正是因为母亲在他小的时候娇惯纵容，没有及时制止自己的错误行为，他才成为死刑囚犯。

　　水满则溢，过犹不及。妈妈给孩子的爱也一样，不是越多越好，也不是让孩子高兴就好，妈妈们应该时常审视和自查，给孩子更恰当合理的爱。

1. 放纵型溺爱是妈妈喂给孩子的"慢性毒药"

　　瑞士心理学家皮亚杰提出"自我中心主义"：在 0 ~ 2 岁和 2 ~ 7 岁的两个阶段中，婴幼儿都表现出自我中心主义的倾向。婴儿在 18 个月以内主要是根据外界的刺激而行动，他们对外界的认识和情感总是以自己的身体和动作为中心，此时婴儿还不能意识到自我，因此皮亚杰称之为"无意识的自我中心"。孩子需要在自我探索中打破这种天然的"自恋",在这个过程中,如果妈妈一味地溺爱孩子,放纵和满足孩子的一切欲望、要求,他们就很难打破自我中心,而认为自己的一切欲望都是合理的,长此以往,他们会把自己的欲望延伸到学校、社会,如果他们的欲望得不到满足,他们就会感到痛苦和无助。

美国心理学家斯科特·派克认为,对孩子的溺爱是一种父性或母性的本能,但对孩子的成长毫无帮助,如果妈妈想养育健康而心智成熟的子女,就要意识到:爱不只是给予,还包括适当的拒绝、合理的赞美、得体的批评、恰当的争论、必要的鼓励、温柔的安慰和有效的敦促。

2."密不透风"的爱可能源于妈妈对孩子的依恋

笔者的小姨在生下女儿后就辞去工作,一心一意地照顾孩子。在孩子高考前,她每天为孩子准备一日三餐,接送孩子上下学,带着孩子奔走在课外培训班和特长班之间。看着她像陀螺一样忙个不停，我问她累不累，结果她没有丝毫犹豫地回答："怎么会累呢？乐乐就是我的动力和希望。"在照顾孩子的同时，小姨对孩子的爱变得越来越"密不透风"；孩子的一切都在她的掌控之下：每天吃什么、穿什么，和谁出去玩儿，都由她精心"安排"。高考结束后，孩子报考了外省的大学，离家很远，小姨为此伤心不已。我问孩子为什么要考得那么远，孩子对我说："我想离开妈妈，越远越好。"妈妈以为自己为孩子付出了全部，可在孩子眼中，那却是束缚和牢笼。

随着孩子渐渐长大，他们逐渐渴望拥有独立的空间，能够伸展自己的手脚、释放自己的力量，这是成长的规律和必然结果。有些妈妈总是舍不得孩子长大，在无形中将孩子束缚在自己用爱编织的牢笼之中。在孩子成长的同时，妈妈也要学会逐渐和孩子分离。

3. 妈妈的自我牺牲换不来孩子的美好未来

哲学家罗素在《幸福之路》中这样说："做父母的不是应该尽可能地为孩子多做些事情，凡是自我牺牲的父母，往往对孩子极端自私，会从感情上掌握住孩子，过分的牵挂往往是占有欲的伪装。"苏联教育家马卡连柯说："一切都让给孩子，为他牺牲一切，甚至牺牲自己的幸福，恰恰是送给孩子最可怕的'礼物'。"

美好的教育绝对不是以牺牲为代价的，只有妈妈自己的各种心理需求得到满足，内心达到平和平衡的状态，她才能给予孩子健康的爱。美国作家苏兹·卢拉在《母亲进化论》一书中指出："一个内心匮乏、没有好好关照自己的母亲，就像一辆油箱已经空了的车子，无论你如何使劲踩油门，都不过是在'空转'。"妈妈要做好自我关怀，实现自我成长，对自己的人生负责，在照顾孩子的同时努力实现自我价值，相互独立而又互相促进的亲子关系才是健康合理的。

如何给予孩子高质量的爱

在《好妈妈胜过好老师》一书中，作者尹建莉说："父母之爱都深如大海，但有质的差异。决定质量高低的，不是父母的学历、收入、地位等，而是其对孩子的理解程度和对细节的处理水平。"不同类型的妈妈会给孩子提供不同质量的爱，这其中的差异不是因为有的妈妈不够爱孩子，而是她们不懂得怎么正确且高质量地爱孩子。

1. 高质量的爱无条件、有原则

母爱之所以伟大，就是因为它是无条件的，妈妈们都懂得这样的道理，但是在实际生活中，却总让孩子觉得妈妈给自己的爱是附带条件的，这样的话是不是你也经常说：

"快乖乖睡觉，再不睡觉妈妈就不爱你了！" "不许哭了，再哭妈妈就不要你了！" "不打满分就不是妈妈最好的宝贝了！" 这样的话会让孩子认为妈妈对自己的爱是需要条件的：只有满足条件，妈妈才爱我。想要让自己、让孩子喜悦起来，妈妈就要无条件地爱孩子，并让孩子感受到：不管我成为什么样的人，不管发生什么，妈妈永远爱我。

妈妈的爱无条件，但必须有原则，原则体现在哪些方面？对于说脏话、偷东西、攻击他人、伤害他人、不遵守社会秩序、无节制地提出物质要求等不良行为和不合理要求，妈妈必须坚守底线、绝不纵容。

拒绝霸凌
拒绝偷窃
违背法律

2. 高质量的爱应该是孩子愿意接受的爱

有的孩子这样形容妈妈给自己的爱：明明我现在渴得要命，急需一杯水，妈妈却给我一个面包，并告诉我这是世界上最好吃的面包。

上面这个例子是不是听上去有些可笑？但其实这样的

情况发生在很多家庭中。明明孩子喜欢并擅长体育项目，妈妈非要按照自己的喜好给孩子报舞蹈班；明明孩子想要妈妈多多陪伴自己，妈妈却以自己要为孩子而工作赚钱为理由，对孩子缺少陪伴；明明孩子想按照自己的理想报考大学和专业，妈妈却以为孩子着想为理由，强行让孩子按妈妈的意愿填报志愿……

其实这样的爱不是爱，是被妈妈以爱为名义做伪装的"控制"，高质量的爱需要妈妈用心探寻孩子的需要，了解孩子的真实感受，给予孩子真正需要、愿意接受的爱。

3. 高质量的爱以尊重孩子为前提和基础

在笔者创办的读书会上，我问在场的妈妈们："你们爱孩子吗？"妈妈们全都眼神坚定地告诉我她们爱孩子。我接着问："那你们尊重孩子吗？"妈妈们明显都犹豫了一下，然后相互看了看，没有给我肯定的回答，只是用期待的眼神看着我，希望我接着说。我举出了几个生活中经常发生的事例：为了掌握孩子的情况，偷看孩子的日记本；觉得孩子说的话不重要，经常在孩子说话的时候打断他；在亲戚朋友面前揭孩子的短儿，让孩子没面子；用嘲笑、讽刺的语气批评孩子……在场的每个妈妈都做过上述的全部行为。

　　不要因为孩子小就忽视他们的感受和面子，如果孩子没有得到足够的尊重，妈妈对孩子所有的爱都是没有地基的高楼大厦，随时可能倾倒，变成一片废墟。

4. 高质量的爱需要及时表达

　　你会经常对孩子说"我爱你"吗？会在孩子表现出色的时候及时赞美，在孩子失落难过的时候给他一个大大的拥抱吗？不要小看这些小小的举动，它们都是向孩子表达爱意的方式，能够让孩子知道妈妈对他的爱，让他有足够的安全感与价值感。有研究表明，如果妈妈经常对孩子说：

"我爱你！""真高兴，你是我的宝贝！""孩子，我为你感到骄傲！"这样充满爱和鼓励的话语，能够经常拥抱、抚摸和亲吻孩子，孩子会越来越自信、勇敢。这样的魔力能够伴随他们终身——长大后，他们能更加适应社会环境的压力，并在一定程度上避免患上那些与压力有关的疾病。

5. 高质量的爱是"双向奔赴"

笔者有一个亲戚，她和她的爱人都是普通的工薪阶层，但是孩子一心想出国读书，父母倾尽所有为孩子支付了高额的学费。孩子毕业后却很少和父母联系，亲戚坦言自己已经好几年没见过她的儿子了，儿子的态度让她觉得心寒。

妈妈对孩子的爱是无私、不求回报的，只要孩子健康快乐，妈妈愿意付出一切。但妈妈要知道，高质量的爱一定是一场"双向奔赴"的，妈妈爱孩子，也要让孩子知道妈妈的辛苦和付出，懂得感恩。感恩的孩子会感激别人的付出，珍惜他得到的一切，能从平凡的生活中感受到快乐和幸福。

6. 高质量的爱需要良好的亲子沟通

你每天都有固定的时间和孩子交流探讨吗？孩子愿意和你分享每天在学校的趣事、快乐和烦恼吗？你会和孩子分享自己工作和生活中的美好与烦恼吗？不管多忙，笔者每天都会抽出半个小时到一个小时的时间与孩子沟通交流，和她分享我在工作中的快乐和忧愁，在孩子看来，这是妈妈对她的信任，妈妈没有把她当成孩子，而是把她当成了朋友和战友，这样的相处模式让她觉得妈妈没有小瞧她，在妈妈心里她很厉害、很重要。我的信任也换来了她的信任，她会把自己的烦恼和快乐与我分享，而我也不会站在居高临下的角度小瞧这些成长的烦恼，会和她一起探讨，一起分析，给她建议和帮助。良好的亲子沟通让我具备了多重身份，既是爱她的妈妈，也是能够指导她的老师，更是她无话不谈的朋友。

请和孩子来一场生命的对话

在女儿小学四年级的时候，有一天，我看见她正流着泪看一本书，我没有打扰她，而是静静地陪在她身边，她握着我的手，依偎着我，一口气读完了这本对她来说意义非凡的儿童文学作品——《马提与祖父》。等她平静下来，我问她为什么这本书让她如此感动。她说这是一本讲述生命的书，这个命题妈妈从来没有和她交流过，她通过这本书读懂了生命的意义。

《马提与祖父》是一本关于临终告别的书，讲述了这样一个温馨感人的故事：马提的爷爷将不久于

人世，亲友们都十分伤心，只有七岁的马提没有哭，在虚幻与现实的生死交界，马提与祖父展开了一段奇异的旅程：他们一起漫步田野，用裤子口袋抓鱼，捕获小马，寻找海盗遗留的宝藏……在旅程中，爷爷的身体不断缩小，最后让马提将他吸到鼻孔里，从而进入了马提的身体……马提相信：所爱的人会永远活下去，他们只是换一种方式，活在我们心里。

人的生命只有一次，妈妈要让孩子尽早明白，生命是一切价值的前提，热爱、珍惜这仅有一次的生命是最重要的。妈妈要把生命教育作为家庭教育的重要组成部分，让孩子认识生命、尊重生命、珍惜生命、热爱生命，这也是爱孩子的重要方式。

1. 让孩子珍惜时间，对生命心存敬畏

北京大学儿童青少年卫生研究所曾发布《中学生自杀现象调查分析报告》，报告显示：每五个中学生

中，就有一人曾考虑过自杀；由21世纪教育研究院、社会科学文献出版社联合发布的《教育蓝皮书：中国教育发展报告（2019）》也显示，自杀率从小学六年级开始攀升，初中最高，高中次之。

　　生命教育就是要让孩子懂得尊重和珍惜生命、珍惜时间，树立积极、向上、健康、正确、充满正能量的价值观。妈妈要在日常生活中告诉孩子生命的可贵，并帮助孩子树立正确的时间观念。让孩子明白，生命对于每个人来说都只有一次，时间对每个人都是公平的：一旦过去，就无法找回。妈妈们要通过日常生活中的点滴教育，教孩子学会善待生命、尊重生命、热爱生命，让孩子意识到时间的不可逆性，从而学会珍惜每一分、每一秒，学会敬畏生命。

2. 让孩子在平凡的生活中体会快乐

　　现在的少年儿童赶上了物质极度丰富、科技飞速发展的好时代，生在幸福年代的他们似乎习惯了这样美好的生活，当生活给予他们太多选择和刺激之后，他们似乎对一切都麻木了，物质水平提高了，但他们的精神世界却没有随之提高。有的孩子的幸福感受能力越来越弱，当他们遇到挫折和压力的时候，甚至会出现焦虑、抑郁等心理问题。为什么物质条件好了，孩子们反而更"脆弱"了？心理专家分析：物质得到满足后，孩子们开始追求精神需求，这会让他们的期望值提得很高，而现实和预期的差距会让他们产生焦虑的心情。

妈妈要首先有一颗平静的心、一双能发现生活之美的眼睛，以及让自己在平凡世界体会快乐的能力，这样才能带领孩子发现美和快乐，感受生活的美好，珍爱生命。

3. 向死而生，让孩子理性看待生与死

一位心理学家说："儿童在 4 岁左右就会产生'死亡'的概念，如果无法得到父母或老师的正确引导，容易对死

亡产生错误认知，进而产生负面情绪，影响一生，所以做好死亡教育相当于给孩子一个面对未来无常生活的珍贵锦囊。"死亡教育是生命教育的一部分，只有孩子能够正确地认识生死，他们才能更好地理解生命的意义，从而更加尊重生命、热爱生活。对于妈妈来说，生命教育的形式可以是多种多样、活泼轻松的。不同年龄阶段的孩子，他们的心理发展和认知水平是大不相同的，而且不同性格的孩子也有个体差异，妈妈应该以自己孩子的实际情况，以孩子的理解和心理承受能力为前提，做到不超前、不回避、不欺骗。对于年龄较小的孩子，妈妈可以带着他们看一些相关主题的绘本和故事书，比如上文提到的《马提与祖父》《爷爷变成了幽灵》等，也可以在日常生活中通过看电影、聊天儿的形式和孩子一起探讨生命的价值和意义。

父母之爱子女，则为之计深远。对孩子进行积极的生命教育，不只能让孩子感受到生命的可贵、要珍惜生命，更重要的是，他们能够以更加积极的心态和更坚毅的品质面对生活中的困难和挑战。那么就从现在开始，和孩子来一场生命的对话吧！

请妈妈善待
自己成绩不好的孩子

　　笔者的女儿上小学的时候，同班同学明昊和他的妈妈让班里的每位老师、同学和家长印象深刻。这个孩子的妈妈是一位中医，也是一名硕士生导师，在自己的工作领域非常出色。最让她苦恼的就是她的儿子，她坦言在孩子上小学之前，她觉得以自己和她爱人的遗传基因做保障，他们的孩子一定会是一名学霸。然而现实却给了她一拳又一拳重击：孩子每次考试都是最后一名，上课不听讲、扰乱课堂，回家不写作业，老师和家长的批评只会让他暴躁。

有一次明昊在课堂上打扰其他同学，老师严厉地批评了他，他竟然把课桌推翻，跑出了教室。这一举动吓坏了老师，最后发动了学校保安和四五名老师，才在学校的角落里找到了这个孩子。

他的妈妈在与老师和家长沟通的时候，说到激动处会泣不成声："我打也打过，骂也骂过，他怎么每次都考倒数第一呢，我真是无能为力了，我不想管他了！"我听到她这样的话，好像一下明白了为什么在她眼里明明具有优秀遗传基因的孩子却变成了她嘴里最差的孩子，我问她："除了学习，他还有什么不好的地方吗？"明昊妈妈明显愣了一下，而后思考了几秒钟："除了学习，他是个好孩子，就算我打他骂他，他还是很关心我，每天帮我提重物，还帮我择菜，在外面也很有礼貌。上周我带着他参加单位的团建，全程都是他在照顾我，同事都夸他是个小暖男。"我笑了，说："你看，你打他、骂他，他都没有责怪你，还爱着你，对你那么好。而他只是学习不好而已，你为什么不能包容他、善待他、帮助他呢？你是最爱他的妈妈呀，连你都放弃他、嫌弃他、看不起他，他哪还有活路？"

后来明昊妈妈转换了自己的教育方式，开始表扬孩子的闪光点，有耐心地接纳孩子的差成绩，不去把自己的孩子和其他孩子作比较，而是带着孩子一点一点积累。后来明昊以很好的成绩考上了一所重点高中，性格也变得阳光、开朗和自信了。明昊妈妈每年过春节都会给我发祝福短信，她说感谢我当年对她的点拨，我告诉她："要感谢自己，感谢自己对孩子的善待和宽容，是你的爱成就了孩子。"

1. 越是高压要求，孩子的成绩可能越差

如果孩子成绩不好，妈妈的批评和打压起不到任何作用，只会让孩子越来越抗拒学习和学校。妈妈可以带着孩子认真分析孩子成绩不好的原因，耐心地询问孩子的真实想法，为他们提供帮助。妈妈要将妈妈、老师和朋友的三重身份巧妙结合，赢得孩子的尊重和信任，让孩子在轻松的氛围中慢慢进步。在做好这些之后，妈妈需要做的就是耐心地等待孩子的一点点进步，及时赞美孩子的每一点进步和每一个优点。适当的赞美不仅能表达妈妈对孩子的关怀和理解，还能增强孩子的自信心。终有一天，孩子会实现质的飞跃，带给妈妈惊喜与感动。

2. 结合实际，找到最适合孩子的发展方向

"分数至上"是大部分妈妈的教育观念，成绩是她们评价孩子的唯一标准。只要孩子成绩不好，妈妈就会否定孩子

的一切优点和进步，这样的教育理念只会让孩子觉得学习的唯一目的就是提高分数。

如果妈妈能够理性正确地看待分数问题，不苛求孩子，能够意识到成绩单不是评价孩子学习好坏的唯一标准、学习的本质不是为了分数，孩子反而能够激发自己的学习动力，找到适合自己的学习方法和发展方向。

在这个过程中，妈妈需要做的就是扩大孩子的知识面、引导孩子掌握学习的技巧。在日常生活中，妈妈要鼓励孩子广泛阅读课外书，因为广泛的阅读不但可以丰富孩子的课余生活，还能扩大孩子的视野和格局，还可以提高孩子的学习能力。

妈妈也要经常带着孩子参加社会实践。邓拓说过："从做学问这件事情本身来说，无论是初步追求某一项新的知

识，或者是进一步探究事物的本质和发展规律，都必须通过实践，认识，再实践，再认识的过程。"社会实践可以让孩子提高动手能力和沟通能力，这些都对他们的学习有帮助。

3. 用偶像和名人事迹激发孩子的学习动力

妈妈可以经常给孩子讲述名人事迹，让孩子知道每个成功的人都曾在小的时候刻苦学习、艰苦奋斗，这对于孩子培养坚定的意志力和远大的梦想大有益处。

随着孩子的成长，他们也会有自己的偶像，他们的偶像可能是科学家、自己的老师，也可能是明星，妈妈要支持孩子适当"追星"，合理的引导可以让孩子学习偶像的好品质，也能够激发孩子的昂扬斗志。

和孩子一起，
把学习变成轻松的事

妈妈们都知道，兴趣是最好的老师，如果能让学习变成孩子的兴趣，对于整个家庭来说都是天大的好事。有的妈妈说没有孩子爱学习，孩子都爱玩儿，但是大量的事例告诉我们，学习可以变成好玩儿的事情，也能变成孩子的兴趣，就看妈妈如何引导和设计。在孩子成长的路上，妈妈要变身成工程师和设计师，为他们量身定制适合自己的学习方法和学习习惯，让学习变成轻松有趣的事。

小雨刚刚结束高考，以 689 分的好成绩考进了复旦大学，她从初中开始就一直是笔者创办的"雅乐读

书会"的小会员，五六年的相处已经让我们成了忘年交。知道我在写一本为妈妈们教育孩子提供建议和帮助的书之后，她主动提出要为我提供一些思路。于是我在读书会上非常正式地安排了一场访谈，并邀请读书会的会员和小雨的妈妈做观众。访谈非常成功，观众也比我们预想的多，会员知道访谈的内容之后都纷纷邀请自己的亲戚朋友一起来到现场，想从这位学霸身上找到秘籍。

在访谈中，小雨的两个精彩回答让我印象深刻。第一个问题是我问她这12年的求学之路辛不辛苦，学习有没有耽误她的兴趣爱好；第二个问题是哪个阶段对她的学习历程影响最大。小雨说她的妈妈是书店的店员，所以她"近水楼台先得月"，寒暑假的时候妈妈就把她放在书店，让她自己看书，妈妈也从来不管她读什么书，让小雨自己选择。广泛大量的阅读让小雨养成了良好的阅读习惯，培养了她的阅读能力，阅读也成了她的爱好之一。因为家庭普通，懂事的小雨从来不要求补课，而是充分利用在学校的学习时间。她自称是一个爱玩儿的女孩儿，课余生活非常丰富，喜欢打羽毛球、打乒乓球、游泳。妈妈从来不会限制自己的爱好，妈妈没有花钱给她补课，反倒在这些课外兴趣上毫不吝啬。小雨说对自己影响最大的人就是她的妈妈，是她的妈妈让她爱上了学习。在上幼儿园的时候，她也和其他小朋友一样不爱学习，每天只想着玩儿。是妈妈将学习变成了有趣的事：妈妈会把10以内的数学题应用在家里的每一个场景，会把诗词和生活场景结合起来，把生字贴在具体的实物上……渐渐地，小雨觉得学习太有趣了，她也学会了将学习变成有趣的事。说到这里，小雨望向了她的妈妈，我看到，妈妈的眼里有泪光闪动。

如何帮助孩子把学习变成轻松有趣的事？这值得每一个妈妈去思考、探索、总结和实践。

1. 与生活恰当结合，让孩子用知识解决实际问题

一年级的数学有一节内容是"认识人民币"，除了认识每一种面额的人民币，还涉及不同面额人民币之间的换算问题。对于很多孩子来说，这样的换算有些抽象，单纯做题效率低、效果差。如果妈妈能在家里开一个小超市，给每一种商品标上价格，妈妈当顾客，孩子当收银员，让孩子自己计算应该收多少钱，应该找给顾客多少钱，孩子一定会非常喜欢这样的游戏，而在这样的游戏中，孩子会自然而然地掌握换算问题。还有语文、英语、物理、化学，都可以与生活恰当完美地结合。

2.让孩子爱上阅读

　　苏霍姆林斯基曾指出："促进学生的脑力劳动最有效的手段，就是扩大阅读范围。"阅读能力强的孩子，在语文等其他学科中也会表现优异。然而阅读能力和阅读兴趣并不是孩子先天具备的，它的形成和提高主要取决于孩子在幼儿时期接受的刻意培养和教育。中高考的相关政策变化也让妈妈们感受到了阅读能力对于孩子学习成绩的重要性，"冰冻三尺，非一日之寒"，好的阅读习惯和阅读能力不是一蹴而就的，妈妈们要为孩子提供良好的阅读环境和氛围。妈妈可以经常带孩子去书店，参加读书会、新书发布会等活动，良好的氛围能够调动孩子的阅读兴趣。同时，妈妈也要让自己爱上阅读，试想一下，连妈妈都是每天拿着手机刷视频，又怎么要求孩子爱上阅读呢？

第八章

心平气和，
做正能量的妈妈

帮助孩子清除
那些成长路上的绊脚石

　　读书会的很多会员都是妈妈带着孩子一起参加活动，所以我经常有机会和妈妈们交流育儿心得，也能给她们解答一些困惑。在一次"做妈妈难不难"的主题分享会上，我为大家做了一场育儿分享，和妈妈们讲述了我在和女儿一起成长中的困惑和快乐。分享过后，妈妈们畅所欲言，纷纷吐槽自己的孩子和自己的困惑：有的妈妈说教育孩子就像去西天取真经，没有九九八十一难肯定别想成功；有的妈妈说，何止八十一难，简直就是一步一个坎儿、一步一

个沟。

　　没有一块玉石完美无瑕，没有哪个孩子生下来就是天才，妈妈需要做的就是用耐心和爱心雕琢孩子这块璞玉。在孩子成长的路上，会有很多绊脚石阻碍他们的成长，这些绊脚石就是一些不好的习惯和方法，它们让孩子成长的道路变得崎岖难行。

　　在帮助孩子解决那些不良习惯和方法的过程中，妈妈要站在孩子的角度思考问题，而不是以父母的身份去指责和批评他们，妈妈们要记住，我们的目的是帮助孩子，让孩子成长，而不是批评孩子、判断对错。

1. 发现孩子偷东西，妈妈不要如临大敌

　　一个小男孩儿在超市偷拿东西，被超市经理当场抓住，老板打电话给孩子妈妈，妈妈来到现场后，不由分说，当着所有人的面狠狠地打了孩子。回到家后，妈妈又把这件事跟家里人陈述了一遍。听妈妈训斥完，孩子默默地走回自己的房间，从窗户跳了下去。

　　如果你是男孩儿的妈妈，当超市经理让你去超市领孩子，你会如何处理？约翰·梅迪纳说："如果家长在训导时能让孩子感到充满爱意的关切，那么道德的种子就更有可能在他们幼小的心灵里生根发芽。"家长对孩子充满爱意的关切，孩子能感受到，这比谴责打骂更有效果。妈妈要在孩子很小的时候就注重对他们教养和修养的培养，让他们做一个光明正大、不贪小便宜的人。要明确告诉孩子，偷东西是违法行为，没人喜欢爱占小便宜的人。要培养孩子的是非

观念，让他们知道什么是好的行为，什么是坏的行为，对孩子的行为进行及时的矫正。当发现孩子有拿别人东西的行为时，妈妈不应过分指责，要问清他们做出这样行为的原因，在和孩子讲清道理之后，如果孩子依然这样，那妈妈就要对其进行严厉惩罚，让其认识到自己的错误，比如停止发放零花钱，罚他干家务等。

2. 孩子蛮横无理，妈妈要耐心引导

很多孩子在幼儿园和小学阶段出现无理取闹、蛮横无理的情况：在和小朋友玩耍的时候，他们总是想当"老大"，让别人听自己的；把大家共享的玩具据为己有；一旦别人不听自己的指挥，孩子就会大喊大叫；只要妈妈没有满足

自己的要求，他们就会哭闹不止……面对孩子这个阶段的无理取闹，妈妈不能无原则地迁就、满足孩子，否则他们就会变得为所欲为，更加自私、蛮横任性。在孩子发脾气时，妈妈可以在一旁做个旁观者，让他自己发泄，面对妈妈的冷静，孩子往往更能意识到自己的错误。待孩子情绪稳定后，妈妈再和他一起复盘他刚才的错误行为，为他讲清楚这样做的后果。平时妈妈可以带孩子扩大交际圈，多和小朋友一起玩耍，让他们感受到分享、合作的乐趣。还可以多带孩子进行体育锻炼，让孩子在运动和汗水中发泄自己的情绪。

3. 躁动的青春期，妈妈不要成为孩子的敌人

说到孩子的青春期，无数个让妈妈崩溃心塞的场景就在头脑中重现了：原本和妈妈关系密切、乖巧听话的孩子，开始有了自己的秘密，房间紧紧关闭的门把孩子和妈妈隔在了两个世界；孩子经常顶嘴、拒绝和妈妈交流，每天偷偷捧着手机玩儿游戏或看小说，甚至早恋、逃学、离家出走……当孩子到了青春期，妈妈不要和孩子较劲，因为随着孩子心理的变化以及自我意识的逐渐显现，他们更需要妈妈的引导、教育和关怀。妈妈要接受孩子逐渐成为独立个体的事实，不要再试图用家长权威来控制孩子，要了解孩子的真实需求，以柔克刚，慢慢引导孩子，在孩子敏感脆弱的阶段为他们提供最强大的支持和理解。

4.孩子磨蹭拖拉，妈妈要有方法

　　有的孩子做什么都慢吞吞的，写作业慢、洗漱慢、跑步慢，做任何事情都比别人慢，妈妈在一旁急得直跺脚，孩子却依旧拖拖拉拉。有的妈妈会在孩子拖拉的时候大吼大叫，严厉地批评孩子，这样可能会伤害孩子的自尊心，对妈妈越来越抗拒；有的妈妈会放任孩子的拖拉，长此以往孩子会形成习惯，严重影响学习和生活。

　　在孩子做事慢吞吞的时候，很多妈妈喜欢用唠叨和催促教育孩子，在她们看来似乎只有不停地催促，孩子才能快起来。其实结果往往和妈妈的预期相反，妈妈越催，孩子越慢。妈妈不妨在孩子磨蹭的时候给孩子一个鼓励的眼神，鼓励他、表扬他、激励他。当孩子受到正向的鼓励时，孩子能够激发自己的动力，改变自己的坏习惯。妈妈也要接纳孩子的一些小磨蹭，因为孩子还小，不可能按照大人的期待做事，妈妈要接纳孩子，正确引导，同时学会放手，让孩子亲力亲为，让孩子在行动中改掉拖拉的坏习惯。

请放低姿态，和孩子平等交流

场景一

放学后，孩子高高兴兴地回到家，妈妈正在家里加班写文件，孩子兴致勃勃地和妈妈分享一天的趣事，妈妈敷衍地听着，并没有停下手里的工作。孩子发现妈妈听得心不在焉，觉得妈妈不重视自己，就抱怨道："妈妈，您能停下手里的工作认真听我说话吗？"妈妈头也不抬，不耐烦地说道："小孩子能有什么重要的事？还不就是淘气打闹那些事？快去写作业，妈妈正在干正事！"一顿训斥像一盆冷水，把孩子火热的心浇了个透心凉。

场景二

　　小智是一个内向的孩子，他的英语和语文成绩都很好，只是数学成绩一般，学起来有些吃力。妈妈在辅导小智学数学的时候，总是缺乏耐心、要求严格，只要讲过一遍的题，她就要求小智必须听懂，否则就会对小智大吼大叫。一天，妈妈给小智讲鸡兔同笼的数学题型，讲了两遍，小智还是不能独立做题，妈妈彻底爆发了："你为什么这么笨？你就不适合学数学！"小智沉默了，他在心里对自己说："看来我真的很笨，不适合学数学，我的数学真的没救了。"

场景三

在家庭聚会上，亲戚们在一起开心地聊天儿，聊家庭、聊生活，当然也少不了聊孩子。有亲戚问小婷的妈妈："小婷上初中之后学习顺利吗，成绩怎么样？"小婷妈妈满不在乎地说："就那样吧，她也不太上进，一直成绩中等，马马虎虎的，天天说她也没用！"小婷在一旁，手足无措地摆弄着自己的裙角，她感觉所有亲戚都在用嘲笑的眼光看着自己。

以上三个场景，做妈妈的都不陌生，即使它们没有发生在自己家，我们也一定在生活中遇到过。妈妈想让孩子感受到自己的爱、想教育孩子，首先要做的是把孩子当成一个

独立、有尊严的个体，而不是自己的附属品。只有平等对待孩子，他们才能感受到自己是受尊重的，也能够尊重妈妈，愿意听从妈妈的建议，相信妈妈给自己的教育。

1. 沟通教育之前，先和孩子做朋友

斯宾塞说过："对孩子训话意味着你要求他绝对服从，让他像你一样思考问题。和孩子进行朋友式的交谈，意味着大家一起探寻方法解决问题，重新衡量自己的观点，搞清楚究竟谁的更符合实际。"

笔者之前看过一个短视频，讲的是一个妈妈不明白为什么带孩子去外面散步的时候，明明景色很美好，但如果让孩子自己走路，她就会哭闹不止。直到妈妈给孩子戴了一个摄像头，拍摄下了从孩子的角度看的景象，妈妈才恍然大悟：原来从孩子的角度看，只能看到满眼的大腿。

在和孩子沟通交流时，妈妈应该放下自己的架子，蹲下身子，试着站在孩子的角度考虑问题，先做孩子的朋友。唯有让孩子感受到妈妈的善意，他们才会愿意放下内心的抵触，接受妈妈的引导。

2. 尊重孩子，给孩子留面子，不做"独裁女王"

著名诗人诺尔蒂曾生动地描绘过教育环境与孩子行为的关系："如果孩子生活在争吵不断的环境中，他就学会指责；如果孩子生活在充满敌意的环境中，他就学会打架；如果孩子生活在冷嘲热讽的环境中，他就学会羞愧；如果孩子生活在都是赞美的环境中，他就学会自信；如果孩子生活在公平的环境中，他就学会正义；如果孩子生活在互相承认和友好的环境中，他就学会在这个世界上去寻找爱。"

苏霍姆林斯基说："儿童的尊严是人类心灵里最敏感的角落，保护儿童的自尊心就是保护儿童的潜在力量。"当妈妈在家庭当中的角色是"独裁女王"，总是在教育和引导孩子的时候不尊重孩子，让孩子颜面扫地的时候，对孩子来

说这些都是噩梦般的时刻。妈妈要用行动告诉孩子：你是一个独立的个体，我们是平等的。只有得到妈妈足够的尊重，孩子才能更好地尊重自己和爱自己。

3. 当妈妈做错了，请对孩子说"对不起"

对于妈妈来说，最难说出口的不是"我爱你"，而是"对不起"。作为妈妈的你，作为口口声声说爱孩子的你，请回想一下，当你冤枉孩子、做错事的时候，你在孩子面前是如何表现的？是用家长的权威轻描淡写，还是真诚地对孩子说声"对不起"？妈妈的一声"对不起"，不但能拉近和孩子的情感距离，同时也能够为孩子做出良好的示范：人无完人，每个人都会犯错，关键是如何面对错误，要勇于承担和面对，诚实做人。

4. 别给孩子贴标签，那将给孩子留下一生的烙印

有的孩子喜欢安静，妈妈就说他"内向""不合群"；有的孩子贪玩，妈妈就说他没出息，做不了大事……这些被妈妈贴上标签的孩子，就像超市里的商品一样，一旦被贴上了标签，也就有了价格属性，被"定了型"。当妈妈在无意中给孩子贴上一些负面标签，孩子便会随着这些标签自甘堕落，会习惯性地认为自己确实如妈妈所说的那么不堪。

妈妈要经常和孩子进行心灵的沟通，真正地了解孩子的内心和喜好，用心发现自己孩子的特点，通过培养和引导变特点为特长，让孩子在自己擅长的领域发光发亮。

爱孩子，就请
和情绪化说"拜拜"

场景一：

闹闹从幼儿园回到家，偷偷从书包里拿出一个玩具，在角落里独自玩儿了起来。妈妈发现了闹闹的异常，便走过去查看，结果发现闹闹在玩儿一个不属于自己的玩具，妈妈问闹闹："这是谁的玩具？"闹闹知道妈妈的厉害和暴脾气，不敢说实话，一直低着头。妈妈对着闹闹大喊大叫，并吓唬他说如果不说实话就把他扔出去，闹闹哭着说："妈妈你别扔我，我告诉你，这是琳琳的玩具，我太喜欢了，就偷偷

拿回来了，明天我就还回去。"这时的妈妈再也控制不住自己的情绪，拎起闹闹，把他带到了家楼下的派出所，然后自己头也不回地走了，留下闹闹无助地大哭。派出所民警抱着闹闹追上妈妈，并问清了情况，对妈妈批评教育了一番，告诉妈妈教育孩子不能这么过激，这样会吓坏孩子，给孩子留下阴影。

场景二：

迪迪是一个小学三年级的男孩儿，一次在上体育课的时候，他和另一个男同学阳阳打架，班主任老师便让两个孩子的妈妈来学校。迪迪妈妈来到老师办公室后，还没等老师讲清事情缘由，一巴掌打在了迪迪的脸上："你又给我惹什么麻烦了？"班主任老师急忙上前说："迪迪妈妈，不管是谁的错，你也不能打孩子呀！是阳阳先动手的，把迪迪惹急眼了他才还手的。"

　　如果在情绪稳定的时候，妈妈们一定会强烈指责上述行为，但是在情绪不稳定的时候，你能保证自己不会做出这样过激的行为吗？相信大部分妈妈有控制不住自己情绪的时候，每当我们对孩子发完火，又会忍不住后悔。有的妈妈会戏谑地说自己是"精神分裂症患者"：情绪不稳定的时候对孩子说最狠的话，成为伤害孩子最深的那个人；情绪稳定下来之后又后悔万分。《被忽视的孩子》一书中有这样一段话："孩子的情绪就像是流动的水，源头就是他的内心，如果在水前设置了障碍，水要么绕过障碍，改变流动的方向，要么只好回流到源头，这也意味着孩子将情绪加诸自身，伤害自己。"妈妈的暴躁和坏情绪就是阻碍孩子疏

解情绪的最大障碍。妈妈能给孩子提供情绪价值，是亲子关系中最重要的软实力。

1. 远离打骂式教育，孩子才能快乐健康地成长

每个妈妈都希望把自己的孩子教育好，对于妈妈来说，这是一辈子的事业，也是最值得妈妈骄傲的事情。然而"前途是光明的，道路是曲折的"，教育孩子也是一样。有的妈妈会选择打骂的方式来教育孩子，有的妈妈支持"棍棒底下出孝子"的教育方法，在教育孩子的过程中，动不动就对孩子进行言语攻击，甚至大打出手。

某项调研显示，在遭受家庭暴力的孩子中，有 40.3% 的孩子对父母的暴力管教不服气，十分抵制；有 20.94% 的孩子表示虽然不满意父母的教育方式，但只能默默忍受；

只有 21.8% 的孩子能感受到其中的正向教育；14.8% 的孩子在面对父母的家庭暴力时会有轻生、离家出走等念头。

　　妈妈必须认识到情绪管理的重要性，不稳定的情绪会让孩子对妈妈的权威产生质疑，还会失去彼此间的信任。当孩子犯错误或没有达到妈妈的预期时，妈妈要第一时间控制好自己的情绪，避免出现过激的行为和言语。笔者通过多年的"育儿实战经验"总结了一些有效的情绪管理技巧，比如深呼吸、转移注意力、寻找支持，等等。这些都能让我在情绪激动时快速冷静下来，从而更从容、有效地教育孩子。虽然这些说起来简单，但我们要认识到情绪管理是一个长期的过程，需要妈妈们不断地实践、复盘和反思。

2. 妈妈的喜怒无常会给孩子带来毁灭性的伤害

　　有的妈妈脾气不好，经常喜怒无常，高兴的时候抱着孩子又亲又爱，要是孩子犯了一点儿小错，妈妈就会大发雷霆。长此以往，会对孩子的身心发展产生非常恶劣的影响，甚至是毁灭性的伤害：孩子可能会出现焦虑、抑郁、躁狂等心理障碍。这样的成长环境也会对于孩子的成长发育有一定的损伤，迫于妈妈的坏脾气，孩子可能不敢与妈妈分享自己的烦恼和困惑，这样的话，妈妈就不能在孩子成长发育的关键时刻起到引导和解惑的作用。

3. 爱孩子，从掌控情绪开始

　　做一个情绪稳定的妈妈，并不是要求妈妈完全不能发脾气，适当的严厉可以对孩子起到震慑的作用，而且每个人都要允许自己的情绪得到真实合理的表达和释放。妈妈要做的是控制发脾气的"度"，能够做到合理地控制自己的情绪。妈妈永远不要放弃个人成长，要不断学习育儿知识和心理知识，广泛阅读，了解自己的心理和孩子的成长规律，用科学指导自己和孩子。

4. 对事不对人，孩子能更听话

陶行知在教育学生的过程中，有一个著名的"四块糖"的故事：陶行知当小学校长时，有一天看到一个学生用泥块砸同学，当即上前阻止，并让这个学生到校长室等自己。在校长室里，陶行知掏出一块糖递给这个学生，并说："这块糖是奖励你的，因为你按时来到了这里，而我却迟到了。"学生有些诧异地接过糖。陶行知又掏出一块糖放到这个学生手里，说："这块糖也是奖励你的，因为我阻止你的时候，你立即住手了，这说明你很尊重我，我应该奖励你。"那个同学更诧异了。陶行知又掏出第三块糖塞到他手里，说："我调查过了，你用泥块砸那些男生，是因为他们不遵

守游戏规则，欺负女生。你砸他们，说明你很正直善良，有作斗争的勇气，应该奖励你呀！"那个同学感动极了，他流着泪后悔地说："陶校长，你打我两下吧！我错了，他们毕竟是我的同学呀！"陶行知满意地笑了，他掏出第四颗糖果，说："为你正确地认识自己的错误，我再奖给你一块糖果。现在我没有糖果了，我们的谈话也可以结束了。"

　　这个故事应该带给妈妈们深刻的启示：在批评、教育、惩罚孩子时，妈妈一定要做到"对事不对人"，讲究方式方法，也就是妈妈能够做到平静处理，只针对孩子犯的错误，而不对孩子进行攻击和讽刺。对事的批评，孩子会把精力集中到改正错误上；对人的批评，会让孩子产生自我怀疑，甚至丧失荣誉感、羞耻心和上进心。

盘点那些不能对孩子说的话

有的教育专家说："妈妈的嘴决定着孩子的未来。"你赞同吗？如果你不赞同，那笔者敢肯定，你在教育孩子的时候一定没有注意掌控语言，说过很多伤害孩子的话。有的妈妈低估了自己的不当言语对孩子造成的伤害，也高估了孩子对这种伤害的自我愈合能力。

一项调查显示：很多成年人的心理问题，主要来自年幼时原生家庭的语言伤害。我想妈妈在对孩子进行言语攻击的时候，初衷一定是想让自己的教育立竿见影，比如孩子不认真，妈妈说："你这么马虎，能做成什么大事！真是差劲！"在妈妈说完这句话后，当天孩子一定不会马虎，但是妈妈是否想过这句话给孩子带来的长久影响？教育孩子是一个漫长的过程，在这个过程中，孩子在成长，父母也在成长。简单粗暴的沟通确实容易产生立竿见影的效果，但它带给孩子的伤害却是永久的。

下面就让我们一起盘点一下那些一定不能对孩子说的话。

1. 贬低孩子的话

苏珊·福沃德曾说过："小孩儿总会相信父母说的有关自己的话，并将其变为自己的观念。"如果妈妈经常贬低孩子，孩子会觉得自己真的像妈妈说的那样。

（1）"看看人家，你怎么处处不如他？"

妈妈可以拿昨天的孩子和今天的孩子相比，但是绝对不能拿孩子和任何人比较，否则结果只能是让孩子失去自信，渐渐变得自卑。每个孩子的性格、特点、长处都不一样，妈妈要做的就是让孩子取长补短，和过去的自己比较，努力成为更好的自己。

（2）"你真是太笨了！"

美国儿童学家阿黛尔·法伯曾说过："永远不要低估你的话对孩子一生的影响力。"可能孩子只是暂时没有达到妈妈的预期，妈妈要耐心地等待，帮助孩子找到问题所在，而不是嘲笑孩子笨，否则只会让孩子失去学习动力，丧失信心，从而导致学习效果更差。

（3）"为什么你什么事都做不好！"

很多妈妈在孩子没有将某一件事情做好的时候，就会非常生气地对孩子说："你怎么什么事都做不好！"明明是一件事没做好，孩子却通过妈妈的话产生了深深的挫败感。孩子真的是什么都做不好吗？其实不然，每个孩子的"花期"不同，有的孩子还不定型，因为贪玩而导致一些事情没有做好，妈妈应该耐心引导，而不是打击孩子的积极性，

否则会让孩子在潜意识里觉得自己什么事情都做不好，从而丧失学习和各种尝试的积极性。

2. 轻视孩子的话

《父母的语言》里有这样一句话："语言是一个强而有力的媒介。"妈妈每一句轻视孩子的话，都会在孩子的心里留下不可磨灭的伤痕。

（1）"果真没得满分，我就说你不行！"

如果孩子的成绩没有达到自己或者妈妈的预期，他自己已经很失望了，如果妈妈还不依不饶地揭他的短儿，轻视孩子，只能让孩子更加烦躁和逆反，对学习产生抵触情绪。在孩子成绩不如意的时候，妈妈要做的不是轻视和讽刺，而是给孩子一个温柔的拥抱，对孩子为考试付出的努

力给予肯定，在孩子情绪稳定的时候，再和孩子一起分析考试失利的原因，鼓励孩子在下次考试的时候再接再厉，不再犯同样的错误。

（2）"小孩子能有什么重要的事！"

如果孩子对你说，他在幼儿园或者学校有不开心的事，你会如何处理？有一天，我的女儿对我说她在学校和同学闹别扭了，我立刻停止手里的家务，从厨房走出来，抱住她，做她忠实的听众，听她慢慢讲述自己的烦恼。她讲完之后，还没等我为她提出建议，她就非常轻松地对我说："妈妈，我现在知道该怎么做了！我现在觉得很开心、很轻松！"

不要轻视孩子的任何问题，孩子的问题没有小事，妈妈要做孩子的倾听者、陪伴者、引导者，认真对待孩子的每一件事，不要关上孩子心里的那扇门。

3. 威胁孩子的话

在孩子不听话的时候，很多妈妈会采取威胁的方式让孩子听自己的话，但随着威胁的次数变多，妈妈们也会发现，威胁的威力会慢慢减弱，因为孩子会逐渐发现，那些威胁的话只是妈妈吓唬他的，妈妈并不会真的那样做，妈妈在孩子心里的权威也会不断降低。威胁孩子也会不断伤害亲子关系，让孩子怀疑妈妈对自己的爱、降低安全感。

在孩子成长的过程中，犯错误是难免的，错误和失败是他们成长的养料，在错误中，他们能明白什么是对的；经历过失败，他们才能懂得珍惜和珍视每一次机会和每一次成功。妈妈不要用成人的标准去要求孩子，要给孩子不断试错的机会，不要急于给孩子的错误和问题"宣判"。妈妈说的"我不会原谅你！"会让孩子产生恐惧，无限放大自己的问题。在孩子犯错的时候，妈妈要在第一时间给予孩子宽容和理解，让他们更加理性地看待自己的问题、改正过错。

　　语言的魔力是无穷的，可能妈妈只是一时气急才说出伤害孩子的话，但它却将在孩子心里留下一道深深的疤痕，他可能会因为你的话而自我否定、自我怀疑。孩子是独立的

生命个体，他们需要被尊重、理解、信任，需要平等的交流，这样他们才能形成自尊、自信、独立的人格，而这些将成为孩子面对未来各种不确定性的最强大的底气和实力。相关科学数据表明，我们绝大部分人只运用了自身潜能的 10%，所以妈妈们要相信：每个孩子都是一座有待发掘的"宝藏"，不要因为妈妈的一时失言，让孩子将自己的"宝藏"掩埋。

第九章

当妈是一场修行，愿你活成孩子的一束光

降低控制欲，为孩子的生活适度"留白"

在外人眼里，秋雅是一个完美的妈妈，她成功运营着一家广告公司，把家庭打理得井井有条，她的儿子智宇也在她的安排和教育下越来越优秀。在升初中之前，智宇想去正常的公立学校，妈妈却认为他应该去寄宿制的私立学校，可以锻炼他的独立性。在妈妈的安排和操控下，智宇最终只能去私立学校读书。

　　半年后，智宇开始拒绝和妈妈沟通，妈妈原本以为孩子的反常行为只是因为他这是第一次离开妈妈，不习惯独立上私立中学。又过了一个月，智宇在学校殴打同学、上课扰乱课堂，最后被学校做了校内严重警告处分。班主任把妈妈叫到了学校，妈妈批评智宇，智宇却冲着妈妈大喊大叫，说妈妈是"控制狂"，如果不是她非要安排自己的人生，自己不会变成这样。

　　在为我讲述这些事的时候，秋雅已经泣不成声，她说这些年为了让孩子能接受最好的教育，她拼尽全部力气去工作和生活，给孩子她认为最好的生活和教育。可是现在孩子竟然如此恨她，还说她是控制狂。

　　每个妈妈都希望自己的孩子样样都好，这是天下父母共同的心愿。所以妈妈们会格外关注孩子，尤其是孩子的学业，妈妈会对孩子提出各种要求，细致地安排孩子的学习时间和内容，督促孩子在规定时间内完成作业，为孩子安排各种才艺培训项目及考级计划，把孩子的生活安排得满满当当，不给孩子丝毫喘息的机会。但这就是爱孩子吗，或者说，在孩子眼里，这是爱吗？还是以爱为名的控制？

　　从看到孩子出生的那一刻起，妈妈们就发誓要护孩子一世周全，毫不吝啬地关爱孩子，为孩子付出所有，随着孩子的成长，有些妈妈的爱也会在不知不觉中慢慢变形扭曲，由爱发展为以爱为名的控制：妈妈沉重的爱让孩子喘不过气，他们甚至不顾一切地想要逃离。孩子们一次次的妥协和听从只是将自己的不满和反抗暂时压制。伊德曾说过："未被表达的情绪永远都不会消失，它们只是被活埋了，有朝一日一定会以不同的方式爆发出来。"被孩子积压下来的反抗、不满、郁闷等情绪，终有一天会以不同形式爆发出来，所以我们经常会听很多妈妈抱怨：孩子上大学后就像变了一个人，或是工作结婚之后就不愿意和父母联系。这些可能都是妈妈在孩子成长过程中过于控制孩子的后果。

有一个奇怪的现象：如果我们把小鱼放在小鱼缸里，几年以后，小鱼并没有长大多少。如果我们把小鱼放进池塘，小鱼就会疯狂长大。妈妈对孩子的爱和教育也是一样的，孩子的成长需要自由的空间。曾经有这样一条新闻：一个家庭有两个孩子，一个男孩儿和一个女孩儿，妈妈觉得女孩儿不用太拼，学习一般就行，男孩儿必须严格要求。在妈妈的这两种截然不同的教育方式下，轻松长大的女儿最终考上了名牌大学的博士，儿子却没有按妈妈的预期成长，只考上了一所中专。

　　我们不能呵护孩子一生，孩子终有一天要独自飞翔，如果我们的爱把孩子保护和控制得太紧密，孩子将失去独自飞翔的能力，降低孩子和社会的联结关系。妈妈需要做的就是随着孩子慢慢长大，逐渐学会放手，把掌控感一点点归还给孩子，给孩子的生活适当"留白"，允许孩子在摸索中成长。妈妈要做孩子的定海神针，让孩子觉得舒服、放松，能从妈妈那里获取力量，从而最大限度地做自己。

接纳自己，接纳孩子，
共同奔赴星辰大海

我们用了一本书的内容，一直在探讨的是如何做一个好妈妈，从孩子呱呱坠地那天起，就标志着"妈妈"是我们一生的责任和事业。但不管我们如何学习，如何调整，多么谨慎，多么小心翼翼，没有一个妈妈可以保证自己能做到完美无瑕。之前我们说没有完美的孩子，现在我们也要一起认清一个道理：没有完美的妈妈。如果妈妈们因此而焦虑，那这种情绪一定会蔓延到家庭和孩子身上。因为若是妈妈无法接纳自己的不完美，她就会在孩子面前放不下架子，也很难与孩子平等愉快地沟通，我相信这样的妈妈很难和孩子建立亲密的亲子关系。所以妈妈需要做的就是接纳不完美的自己，接纳孩子的每一面，和孩子手牵手，一起奔赴人生的"星辰大海"。

1. 建立同理心是接纳孩子的第一步

有的妈妈经常会抱怨："我就是不理解，我已经把道理讲得明明白白，他为什么就是不认真学习！""我已经告诉过孩子，玩儿游戏对学习和身体都有伤害，为什么他就是不听话！"……这些妈妈因为不理解，就会对孩子恶语相向，亲子关系十分紧张。

"不识庐山真面目，只缘身在此山中。"如果妈妈能站在孩子的角度去考虑，建立同理心，就会理解孩子的很多问题，也能更平和地帮助孩子解决问题。比如爱玩儿是孩子的天性，我们应该理解孩子们喜欢玩儿游戏的心理，不去抱怨，接纳孩子的缺点和问题，保留自己所有的精力和耐心，用来帮助孩子解决问题、改正坏习惯。

2. 妈妈要卸下"完美主义"的包袱

　　心理学教授沙哈尔说："幸福从来不完美，苛求完美恰恰是人们寻求幸福的最大障碍之一。"每个妈妈都想做一个真实、完美、自信、快乐的妈妈，然而在追求完美的过程中，妈妈们往往会陷入各种误区和陷阱，让自己感到焦虑和自责。人无完人，妈妈要学会接纳自己的不足，推己及人，在接纳自己的不完美后，妈妈也会认识到：孩子的不完美也是生活的常态，孩子会在你的接纳和宽容下自然成长。那就从现在起，关注自己的真实需求和感受，做一个真实、自信、快乐的妈妈。

3. 给孩子足够的宽容和自由成长空间

妈妈总是希望能够给孩子提供最佳的成长路线，让孩子按照自己规划的路线走，少吃苦、少走弯路，直接奔赴美好人生。但事实是，每个人都不能靠着任何人的经验和教训走好自己的人生，每一个教训、每一分收获、每一次成长，都需要自己去摸索、吃苦和实践，而妈妈强制给孩子的规划就像一个牢笼和框架，把孩子的思想、感受和意识死死地困在里面，这对孩子来说是一种束缚，更是一种煎熬。妈妈要学会渐渐拆掉自己建起的条条框框，接纳孩子的每一面，给予孩子足够的自由成长空间。

4. 让孩子像孩子一样长大

有的妈妈总是不能接纳孩子的正常成长规律，比如有的妈妈要求孩子像大人一样成熟稳重、积极向上，这对于孩子来说，是极大的不公平。妈妈要放平心态，接纳和尊重孩子的成长规律，允许孩子犯错，允许孩子不优秀，允许孩子不如别人，哪怕孩子慢得像一只蜗牛，妈妈也要耐心地牵着自己的这只小蜗牛散步，陪着孩子慢慢长大，允许孩子像个孩子一样成长。

我们的接纳和尊重将让家庭回归正常，让孩子有更多机会享受他们的童年，让他们可以在高兴时放声大笑，在难过时号啕大哭……这时我们就会发现，原来最好的氛围就是：妈妈像妈妈，孩子像孩子。

保卫孩子的纯真童年

《童年的力量》一书中，作者强调童年对一个人的重要性，每个人在一生中都会经历很多痛苦和磨难，但童年对一个人来说却是最重要、最有力的，美好的童年可以治愈一生，不幸的童年则需要一生来治愈。

如果让你回忆你的童年，有哪些场景和事件让你记忆深刻，即使过了几十年，每每想起时，依然能让你内心充满力量和温暖？

在笔者小学五年级的时候，有一次我的妈妈带我一起参加单位组织的旅游，一起前行的有她的同事和同事的孩

子。一群孩子来到河边，纷纷要下河捉鱼。我和另一个女孩儿都穿着漂亮的新裙子，在那个物质匮乏的年代，新裙子是很珍贵的。那个女孩儿的妈妈对女孩儿说："这是新买的裙子，你别下河了，会把裙子弄脏弄坏的。"女孩儿只能和她的妈妈留在岸上看着大家玩儿。我看了看我的新裙子，又看了看我的妈妈，妈妈看出了我的心思，笑着对我说："和这条裙子比起来，我觉得今天的快乐更重要！"阳光下，妈妈的笑容格外灿烂和温暖。虽然漂亮的裙子脏了，但那一天的快乐让我终身难忘，每当想起那天妈妈对我说的话，还有妈妈带着我在河里尽情捉鱼、泼水的场面，我的心里都感到很温暖。

妈妈们总是想让孩子少犯错、少吃苦，希望孩子成长的道路平坦无忧，但没有充足尝试和犯错的童年不会是快乐

的童年，因为这代表着孩子的童年没有探索，他们的认知基础一定非常薄弱，因为童年没有积极的探索，在成年后他们需要花费更多的力气去辨识和适应。

《小王子》中有一句让我印象深刻的话："所有的大人都曾经是小孩儿，虽然只有少数的人记得。"就算我们忘记了自己曾经是一个快乐的小孩儿，也要尽力保卫孩子的纯真童年，让他们的童年有快乐，有泪水，有遗憾，有争取，有拼搏……

保卫孩子的纯真童年，就要给予孩子足够的玩耍时间，让他们的天性得到充足的释放。莎士比亚曾说："游戏是小孩子的'工作'。"你给孩子充分的空间、时间和自由去尽情玩耍了吗？我的女儿在上小学之前，和所有同龄孩子一样喜欢到处写写画画，我并没有因为她在家具和墙面上乱画而批评她，因为我知道这也是她童年的一部分。我在家里为她专门设置了一面涂鸦墙，并和她约定这面墙是她的专属，她可以在上面随便画画儿。现在孩子已经上初中了，由于换房子，我们也告别了那面涂鸦墙，但她在提起它的时候总是会感谢我，说我给她的童年增添了不一样的颜色。

保卫孩子的纯真童年，就要让孩子和同伴自然相处，家长不要怕孩子吃亏，不要介入孩子和同伴的相处。有的妈妈会在孩子玩耍时全程参与，看见自己的孩子被其他孩子推了一下，妈妈就会跳出来保护孩子；看见孩子遭到不公平对待，就会马上变身"正义使者"，上前维持秩序……妈妈们要知道，自己的参与只会将孩子间的矛盾放大，还会剥夺孩子独自处理人际关系的机会，让孩子变得斤斤计较、心胸狭隘。

　　保卫孩子的纯真童年，还要给予孩子一定的自由，让他们能够有机会掌控自我，妈妈要信任孩子，让孩子变得阳光、诚信、自尊、自爱、自信。尹建莉老师在《最美的教育最简单》里说："在教育中，自由就是空气，看不到摸不着。你可以不去关注它，甚至可以不承认它，但绝不能缺少它。没有自由就没有教育，一个人，必须首先是自由的人，才可能成为一个自觉的人——自由不是信马由缰，自由是一种可以舒展的空间，是一种能够托举的力量，它能让孩子有能力去选择，并且有能力抵抗活动中的一切虚假和脆弱。"

当妈是一场修行，
愿你活成孩子的一束光

写到这里，我很想抱抱自己，也想抱抱正在看这本书的你。身为女人，我们有很多角色，是女儿，是妻子，是儿媳，是工作单位里的某个人，但最让我们感到幸福的，一定是妈妈这个角色。纪伯伦说："人的嘴唇所能发出的最甜美的字眼，就是母亲；最美好的呼唤，就是'妈妈'。"从知道孩子在我们的身体里孕育成长的那一刻起，我们和他们的命运就紧紧联系在一起，我们会因为他们的点滴成长而欣喜落泪，会因为他们的难过悲伤而彻夜难眠，会因为他们的懂事关心而欣慰感动……

在我的女儿出生前，我曾有很多憧憬和遐想：想象软软的她在我怀里呢喃，想象她在我的照顾和养育下慢慢长大，想过她长大后我们像闺密一样逛街聊天儿……但我从没想过可爱的她诞生后，我的生活会瞬间发生如此翻天覆地的变化：哺乳期的我得了急性乳腺炎，为了不影响喂奶，我坚持没有服药，靠着冰敷和按摩挺了过来；哺乳期结束回到职场后，为了让领导看到我并没有因为结婚生子影响工作热情，我像年轻同事一样加班，有时在家加班的时候女儿经常醒来喝奶，为了不影响进度，我经常怀里抱着女儿喂奶，手里依然在打字、看文件，老公在一旁劝我不要这样拼；孩子上小学后，每天下班要做饭、辅导作业、做家务，不管多累，都坚持给孩子讲睡前故事，坚持母女聊天儿……虽然很多的辛苦纷至沓来，但它们也带着蜂蜜般的甜，让我经历了"痛并快乐着"的蜕变。当我看到女儿纯真美好的笑容，所有辛苦便在一瞬间化为温柔与甜蜜，满满的幸福和满足从心底洋溢到眼角。

"养儿方知父母恩。"成为妈妈后，我更加对自己的妈妈、姥姥充满了敬佩和感激之情，敬佩她们的坚强勇敢、吃

苦耐劳、默默付出、无私奉献，感激她们在那样艰苦的年代依然没有影响她们对子女的爱。记得小学二年级的时候，当时物质匮乏，学乐器的孩子很少。一次音乐课上，老师拿来琵琶为我们演奏了一曲《阳关三叠》，我被琵琶特有的音色和音乐老师弹奏琵琶时的优雅气质深深吸引，回家就央求妈妈为我买琵琶、报琵琶学习班。长大后妈妈对我说，其实以当时家里的经济条件，是不允许我学习琵琶的，但是妈妈思考了好久，还是咬牙答应了我，自己默默接了一些手工活儿。这些都是我长大后妈妈才告诉我的，她说这是她做过的最明智的决定之一，因为当时的苦和难可以克服，而且现在回想起来已经不觉得苦，唯有当时我拿到琵琶时幸福快乐的笑脸一直印在她的脑海中。在我的生命中，妈妈一直是照耀我前行的一束光。

做妈妈，是一场爱的旅程，是一场爱的救赎，更是一场爱的修行。虽然辛苦，但如果妈妈能够恰如其分地给孩子合适的爱，那么妈妈将成为孩子生命中的那道最闪耀的光，照耀、温暖、陪伴孩子的成长。

在本书的最后，我想把妈妈和孩子相遇、相伴总结成以下五个方面，与大家共勉，希望每个妈妈在这场爱的修行中，活成孩子的一束光，爱自己，爱生活，与孩子共同成长、进步。

1. 初识——独一无二的邂逅

不管我们做了多么充分的准备，不管养育了几个孩子，每个孩子的到来都是我们生命中独一无二的邂逅。不同的孩子有不同的性格、不同的成长路径，妈妈需要做的就是发现孩子的特点、优点和短板，帮助他们更好地发挥自己的优势，珍惜我们此生的邂逅，尽己所能托举，让孩子成就更好的自己。

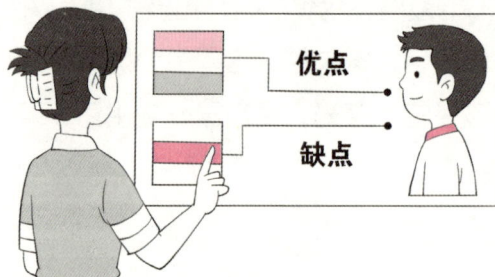

2. 成长——和孩子一起前行

妈妈总是以为自己的一切付出都是为了孩子的成长和进步，其实在这个过程中，我们自己也在不停地成长和进步。我们可以回望一下和孩子一起走过的路，和当初的自己相比，我们已经成为更好的自己。

3. 蜕变——爱与理解的力量是无穷的

孩子的蜕变需要什么？是责骂？是鞭策？看了前面的内容，我想妈妈们一定有了最终的答案：孩子需要妈妈无条件的理解和爱。我们要相信爱和理解的力量，它们会成为孩子进步和蜕变的坚强力量。

4. 修行——接纳生活赋予我们的一切

有时我们的情绪变得平和，幸福感提升，不是因为环境发生了变化，而是我们自己的内心发生了改变。希望我们都从此时此刻起，修炼自己，告别完美主义，接纳生活赋予我们的一切。

5. 成为一束光：照耀孩子和自己的生活

妈妈不仅是孩子生命的赋予者，更是他们精神的引领者。妈妈的言行、品质、追求、爱好……这些都在无形中影响着孩子，照亮着他们的成长之路。如何让自己更好地"发光"，如何以自己的光芒引导孩子，是值得我们一生修炼的深远课题。

当妈是一场修行，与其绞尽脑汁、想方设法做一个完美的妈妈，不如努力做一个拥有独立人格的妈妈。当妈妈们接纳自己的沮丧、不完美，找到更适合自己的位置和方向时，你的孩子也会被妈妈的这份真诚和自然所感染。

最后，祝愿所有妈妈都能在爱自己和爱孩子、坚持与妥协、收获与付出、家庭和自我追求之中找到平衡，拥有幸福的人生。